★WO DE DA ZHONG GUO★

我的大中国

这就是中国脊梁

《这就是中国脊梁》编写组　编著

点击这里激活点读笔

中国大百科全书出版社

图书在版编目（CIP）数据

这就是中国脊梁 /《这就是中国脊梁》编写组编著. 北京 : 中国大百科全书出版社, 2025. 4. -- (我的大中国). -- ISBN 978-7-5202-1876-4

Ⅰ. K820.7-49

中国国家版本馆CIP数据核字第20252ST824号

出 版 人：刘祚臣
策 划 人：海艳娟 盖 乐
责任编辑：董淑芳
插画绘图：百闰文化
设计制作：张 昕
美术编辑：张紫微
营销编辑：宋金煜
责任印制：李宝丰
出版发行：中国大百科全书出版社（北京市西城区阜成门北大街17号 100037）
网 址：http://www.ecph.com.cn
经 销：全国各地书店
印 刷：河北鑫玉鸿程印刷有限公司
开 本：787mm × 1092mm 1/16
印 张：8.5
字 数：130千字
印 量：00001 ~ 10000
版 次：2025年4月第1版 2025年4月第1次印刷
书 号：ISBN 978-7-5202-1876-4
定 价：49.90

本书全文可点读，点击藏在文中的  还有意外惊喜哟！

快和冰冰博士开启一场“声”临其境的阅读之旅吧！（点读笔需另购）

目 录

科学家精神

胸怀祖国、服务人民的爱国精神
勇攀高峰、敢为人先的创新精神
追求真理、严谨治学的求实精神
淡泊名利、潜心研究的奉献精神
集智攻关、团结协作的协同精神
甘为人梯、奖掖后学的育人精神

前言

中华人民共和国的成立，开启了中国历史新纪元，也为科学事业扬起崭新风帆。在这片古老而焕发新生的土地上，一代又一代科学家们，以胸怀祖国、服务人民的爱国精神，将个人命运与国家兴衰紧密相连，科研方向始终瞄准国家需求与人民福祉；以勇攀高峰、敢为人先的创新精神，无畏未知领域的重重迷雾，不懈探索开辟新的科研路径；以追求真理、严谨治学的求实精神，在科研工作中始终一丝不苟，为科学大厦添砖加瓦；以淡泊名利、潜心研究的奉献精神，远离尘世喧嚣与功名利禄，在实验室与科研基地中坚守初心，默默耕耘；以集智攻关、团结协作的协同精神，跨越学科界限与地域藩篱，携手各方力量，攻克重大科研难题；以甘为人梯、奖掖后学的育人精神，无私分享知识与经验，用心培育新一代科研人才，为科学事业源源不断地注入活力。

我们期望借由这些科学家的事迹，让读者深切体悟到他们在探索未知、追寻真理征途上所彰显的伟大精神力量。他们的故事是往昔奋斗的生动写照，更是未来征程的明亮灯塔，引领后来者传承与弘扬科学家精神，续写中华民族科技辉煌的壮丽篇章。

李四光：中国地质之父

李四光（1889—1971）是中国现代地质学的开拓者和中国现代地球科学的奠基人之一，被誉为“中国地质之父”。他是中国第四纪冰川的发现者，建立了“构造体系”概念，创建了地质力学学科。他将地质学知识应用于实际，为中国的石油勘探、地震预测等领域做出了开创性的贡献。

负笈海外，砥砺研岩

1889年10月26日，李四光出生于湖北黄冈的一个贫寒家庭。父母给他起名李仲揆。在李仲揆14岁那年，要报考武昌西路高等小学堂，他在填写报名单时，误将姓名栏当成年龄栏，写下了“十四”两个字。发现写错后，小仲揆便在上面添了几笔，将“十”改成“李”，名字就成了“李四”，但这个名字不太好。这时，李仲揆抬头看见学堂租用的老庙上面挂着匾，写着“光被四表”四个字，于是他从中选了“光”字，自此李仲揆变成李四光。

1904年，李四光以优异的成绩获得了官费留学日本的机会。他满怀壮志东渡日本，进入东京弘文学院普通科学习。为了实现为中国制造坚船利炮的梦想，李四光后来报考了大阪高等工业学校，学习造船机械。

▶李四光在英国伯明翰大学深造

1910年毕业后，他立即回国。但当时的中国连炼钢铁的铁矿都没有，更何况要制造船了。1913年，李四光再次踏上了留学之路，前往英国伯明翰大学深造。在伯明翰大学，他起初选择了采矿专业，然而随着学习的深入，他敏锐地意识到，地质学对于矿产资源的勘探和开发具有更为重要的意义。于是，他果断地改学地质学。

1920年，李四光回国，到北京大学担任地质系教授、系主任。1922年，他同章鸿钊、丁文江、翁文灏等共同发起成立了中国地质学会，这是中国地质学领域的一个重要里程碑。

20世纪20年代，国外地质学家普遍认为中国不存在第四纪冰川。然而，李四光在野外考察中却发现了一些疑似冰川遗迹的奇特地貌和岩石刮痕。为了证实自己的猜想，经过多年的努力，他带领助手终于在1933年收集了足够的证据，证明了中国第四纪冰川的存在。这一发现不仅填补了中国地质科学的一项空白，也为全球冰川学研究提供了重要的资料，让世界重新认识了中国的地质历史。

▼李四光带领助手深入庐山、黄山等山区进行艰苦的考察

也是在同一时期，李四光在古生物学和地层学领域取得了重大突破。他通过对中国北方石炭—二叠纪地层中所含的微体古生物化石的深入研究，创立了蜓科化石鉴定的10条标准，这一成果在国际古生物学界引起了轰动，不仅为中国的地层划分和对比提供了精确的依据，也推动了欧美地区相关地层的研究工作，为寻找煤炭资源提供了依据。

中国第一首小提琴曲

李四光从小就对音乐有着浓厚的兴趣。在英国期间，李四光学习勤奋刻苦，同时还学会了拉小提琴。1920年，怀揣着报国之心的李四光，想到中国此时陷入军阀混战，他有感而发，创作了一首名为《行路难》的小提琴曲。这首曲子也是中国第一首小提琴曲。

服务建设，功垂青史

李四光是地质力学的创立者，1926年，他发表了《地球表面形象变迁之主因》，提出了“大陆车阀”自动控制地球自转速度变化作用的假说。这一假说的提出，是中国地质力学萌芽的重要标志，为中国地质力学理论体系的建立奠定了初步的思想基础。1945年，李四光完成了《地质力学的基础与方法》，系统地阐述了地质力学的基本概念和研究方法。在这本书中，他明确提出了“构造体系”这一核心概念。这标志着地质力学理论的初步建立，为地质力学的进一步发展提供了理论框架。

李四光很早便预见到将来中国的国防和经济建设需要铀矿资源。1948年，他与妻子许淑彬赴英国伦敦出席第十八届国际地质大会后，1949年回国时，便从英国带回一台用来发现铀矿的伽马仪。1953年，李四光在中国地质学会会员代表大会上提到，要积极寻找“二由”——石油和金属铀。1955年1月15日，毛泽东主席在中南海主持召开中共中央书记处扩大会议，李四光、钱三强等人就中国核科学的研究状况，铀矿资源以及核反应堆、原子弹原理等问题作了专门汇报。这一天中国核工业诞生。

从1955年起，李四光积极组织和领导铀矿地质勘查工作，带领科研团队在全国范围内展开了大规模的铀矿普查。在勘查过程中，李四光常常亲自指导工作，与队员们一起分析地质资料，制定勘探方案。经过不懈努力，他们先后发现了一批具有重要开采价值的铀矿产地，为中国原子能事业的起步和发展提供了坚实的物质基础。

▼李四光与队员们发现了有重要开采价值的铀矿产地

▼李四光指导发现大庆油田

李四光依据自己创立的地质力学理论，坚信中国陆地存在丰富的石油资源。他亲自率领勘探队伍奔赴全国各地进行石油普查，终于在1959年9月26日发现了大庆油田，这一消息如同春雷般震撼了全国。随后，1961年4月16日人们在胜利油田发现井喷油，1964年1月25日大港油田也相继被发现……中国从此摘掉了“贫油国”的帽子，实现了石油的自给自足，为中国今后的工业发展提供了强大的能源保障。

李四光还对地震地质进行了深入研究，提出了地震预测的方法和预防措施。他组织科研团队在地震多发地区建立观测站，监测地壳运动和地震活动情况。他深入研究地震的孕育机制和传播规律，为地震预报提供了科学依据。他还积极参与城市规划和重大工程建设的地质评估工作，确保工程建设的安全可靠。

“抗议”的石头

李四光热爱地质研究，常常因专注于科研而忽略了家人。有一次，妻子许淑彬为了表达对他的“抗议”，在被子下放了块石头，然后就抱着孩子回了娘家。李四光回家后发现了石头，意识到自己因为工作而忽视了家庭。第二天一早，他便火速赶到岳父家，向妻子赔礼道歉，将妻子和孩子接回了家。

竺可桢：近代“问天”第一人

竺可桢（1890—1974）是中国气象事业的主要奠基人。他成功地将天气预报的“主权”从外国人手中收回，开创了中国独立自主的气象预报事业，被誉为近代“问天”第一人。竺可桢在担任浙江大学校长时，使浙江大学在艰难环境中崛起，发展成为全国著名大学之一。他还研究多个科学领域，是“可持续发展”思想与实践的先行者。

收回中国天气预报“主权”

1890年3月7日，竺可桢出生于浙江绍兴东关镇的一个粮商之家。他自幼勤奋好学，1905年以优异成绩考入上海澄衷学堂，开始接触到西方先进的科学知识。1909年，竺可桢成功考入邮传部唐山路矿学堂，选择学习土木工程专业，成绩居全班第一。

1910年，竺可桢考取了“庚子赔款”留学美国的名额。他最初认为“中国以农业立国”，便选择农学专业，希望可以报效祖国。但他发现，当时美国农业科学并不发达，而且也与中国农业体制不同，便转学气象学。1913年，竺可桢转入哈佛大学研究院地学系继续深造。

▲竺可桢在哈佛大学继续深造

1918年，竺可桢获得哈佛大学气象学博士学位，他的博士论文《远东台风的新分类》在国际气象学界引起了广泛关注，为他日后回国开创中国气象学事业奠定了坚实的基础。之后，他拒绝了美国多所高校的邀请，毅然选择回国。

1921年，竺可桢在南京高等师范学校的基础上创建了东南大学地学系，并出任系主任。他精心规划学科设置和课程体系，将气象学、地理学、地质学等多个学科有机融合，打造了一个综合性的地学教学与研究平台。在他的努力下，东南大学地学系逐渐成为当时中国地学研究的重要基地。

竺可桢发现中国当时只有香港天文台和上海徐家汇观象台两座用于观测气候变化的测候所，却还被外国人控制着，他很痛心。1927年，竺可桢受蔡元培邀请筹建中央研究院气象研究所并担任所长。1930年元旦，中央气象研究所正式绘制出东亚天气图，并发布了天气预报和台风预报，这是中国人第一次独立自主地对自己的国土和海域预报天气，开创了中国气象预报信息的广播业务，中国收回了天气预报“主权”。

竺可桢与测候所

测候所主要进行气象观测，记录风向、风力、温度、相对湿度、蒸发量、雨量、云量以及气象状况等数据。这些数据是了解当地气候特点、预测天气变化的重要依据。20世纪20年代起，竺可桢等气象学家在全国范围内广泛设立测候所，在拉萨、峨眉山、泰山等地开展气象观测，形成了中国气象观测网的雏形。

▼竺可桢带领科研人员到野外观测气象

铸就教育与科研不朽丰碑

1936年4月，竺可桢临危受命，出任浙江大学校长，肩负起教育救国的重任。当时浙江大学是全国最破败的大学之一。开学典礼上，竺可桢向新生提出了两个著名的问题：第一，到浙大来做什么？第二，将来毕业后要做什么样的人？竺可桢通过这两个问题，引导学生们树立远大的人生目标，不仅关注个人的前途和命运，更要心系国家和民族的未来。一年后，抗日战争全面爆发，为了继续学业，为国家保留知识精英，竺可桢带领全校1000多名师生开始曲折艰难的“西迁”，他们先后经历了“四迁”：一迁浙江建德，二迁江西吉安与泰和，三迁广西宜山，四迁贵州遵义湄潭。这段西迁办学史也被称为“文军长征”。也是在这一时期，竺可桢提出了浙江大学的校训：求是。1946年，浙江大学在他的带领下回到杭州，成为“中国最好的四所大学之一”。

▼竺可桢带领浙江大学全校1000多名师生开始“西迁”

中华人民共和国成立后，竺可桢被任命为中国科学院副院长，就此承担起领导全国科学事业的重任。1951年，竺可桢在《科学通报》发表《中国过去在气象学上的成就》，深入挖掘中国古代气象学的瑰宝，为现代气象学研究筑牢历史根基，使中国气象学的发展脉络得以清晰地延续与拓展。1953年，竺可桢当选中国地理学会理事长，大力推动中国地理学的进步与创新。也是在这一年，他开启冬小麦物候观测工作，此后还拓展到棉花、水稻等作物的物候观测，精心收集一手资料，为农业生产与物候学研究的紧密结合开辟了道路，为农业生产的科学化、精准化提供了可能性。

▼竺可桢坚持修订《物候学》

1963年，竺可桢与气象学家宛敏渭合著的《物候学》出版，这部凝聚着多年心血的著作，系统阐述物候学原理与方法，不仅为农业生产提供了实用指南，还极大地推动了物候学在国内的研究与应用，成为该领域的经典之作。1964年，他在《科学通报》发表《论中国气候的特点及其与粮食生产的关系》，提出了增加粮食生产的有利条件和可能性，并进一步提出了发展农业生产的具体建议。1972年，竺可桢在《考古学报》发表《中国近五千年来气候变迁的初步研究》，获得国际学术界高度赞誉，英国《自然》周刊也对其研究给予高度评价，极大地提升了中国在全球气候变迁研究领域的地位与影响力。1973年，竺可桢先后三次因病入院治疗，尽管身体每况愈下，但他对科学事业的热爱与执着从未熄灭。80多岁的竺可桢，在身体状况欠佳的情况下，坚持对他的著作《物候学》进行修订，这也是他的最后一部作品。有人评价，这部著作“把中国物候学带入了新的纪元”。

竺可桢一生撰写了大量的科普文章，这些文章涉及地理、气象、天文、生物等多个领域。他通过深入浅出的方式，向公众普及科学知识，提高公众的科学素养。例如，他撰写的《钱塘江怒潮》《中国的地理环境》《气候与人生及其他生物之关系》等文章，都深受读者喜爱。

侯德榜：科技泰斗，士子楷模

侯德榜（1890—1974）是中国近代化学工业的开拓者与奠基人。他所创立的“侯氏制碱法”，既改变了中国化学工业的面貌，也为世界制碱技术的发展做出了卓越贡献。侯德榜不仅在技术上取得了突破，更在精神上展现了兼善天下的胸怀，他将数十年摸索出来的制碱奥秘公之于众，让世界共享这一科技成果，赢得了国内外学术界的广泛赞誉，被科学界誉为“科技泰斗，士子楷模”。

从农家子弟到中国第一位制革博士

1890年8月9日，侯德榜出生于福建闽侯一个农家。由于家境贫寒，小时候的侯德榜只读了2年私塾就被迫辍学了。但他没有放弃学习，即使在干农活，也不忘读书。

1903年，13岁的侯德榜在姑妈的资助下，进入福州英华书院就读。1906年初，因参加反帝国主义罢课行动，他被英华书院开除。之后他转入爱国商人陈宝琛新开的中学学习。1907年，侯德榜凭借自己的优异成绩被保送到新成立的闽皖铁路学校进修，学习铁路工程。

目睹洋人恶行，坚定报国之志

侯德榜在福州英华书院学习期间，福州已被辟为通商口岸。一天，他在码头看到洋人用枪托和皮鞭驱赶一群中国劳工，其中一个劳工跌倒后遭洋人毒打。这一幕让侯德榜义愤填膺，他握紧拳头想冲上去，却被他的老师拦住。老师告诉他：“落后就要挨打，要想改变我们民族任人宰割的现实，必须刻苦学习，用科学知识振兴我们的祖国。”这件事深深烙印在侯德榜心中，激发了他的民族自尊心和责任感，坚定了他科学救国的志向。

▼侯德榜考入清华留美预备学堂

毕业后，侯德榜被分配到英资津浦铁路当工程练习生。在工作期间，他深刻感受到了外国人对中国人的歧视和压迫。他立志要掌握先进的科学技术，用科学和工业来拯救苦难的中国，改变中国被列强欺凌的命运。1911年，侯德榜毅然辞去了在津浦铁路的工作，考入清华留美预备学堂。其间，他曾以10门1000分的全满分成绩，轰动全校。

1913年，侯德榜获得公费赴美国麻省理工学院化工科学习。在获得麻省理工学院学士学位后，他又进入普拉特专科学院学习制革，第二年获制革化学师文凭。之后，他进入哥伦比亚大学继续深造，在攻读硕士和博士学位期间，选择制革方向作为自己的研究课题，成为中国第一位制革博士。

▲侯德榜在美国麻省理工学院化工科实验室做实验

化工先驱，时代楷模

1921年，侯德榜完成了博士论文《铁盐鞣革法》。这篇论文被《美国制革化学师协会会刊》特予全文连载，成为制革界至今广为引用的经典文献之一。同年，侯德榜得知祖国仍处于洋碱霸市的处境，北方人民因缺碱吃着带酸味的馒头，他便放弃了美国几所著名大学的挽留，坚定地踏上了回国之路。

回国后的侯德榜担任永利制碱公司技师长。1924年8月，侯德榜用索尔维制碱法第一次试制出碱，但产品红黑色相间，质量较差且产量较少。面对这次失败，他没有气馁。侯德榜带领技术人员最终成功生产出洁白精良的纯碱，并称之为“纯碱”，以区别于“洋碱”。1926年6月，碱厂生产出优质纯碱，日产30吨，时为国际上第31家成功采用索尔维制碱法的厂家，在亚洲为第一家。同年8月，“红三角”牌纯碱在美国费城世界博览会上荣获金质奖章，并获得“中国近代工业进步的象征”的评语，成功进入国际市场。

1933年，侯德榜在美国出版学术巨著《纯碱制造》，将索尔维制碱法的奥秘公之于众，为亚非拉落后国家建立本民族的制碱工程提供了重要工业指导资料。同年，中国工程学会为侯德榜颁发该学会的第一枚名誉金牌。

▼侯德榜的制碱工厂和永利“红三角”牌纯碱商标

1937年，侯德榜主持建成了亚洲第一流的南京永利硫酸铵厂，实现了中国化学工业酸碱“两翼齐飞”。抗日战争全面爆发后，日本驻南京领事胁迫要与永利硫酸铵厂“合作”，侯德榜与化工实业家范旭东发誓决不与日寇合作，冒着被日机轰炸的危险，与工人们拆卸机器，将重要机件设备拆卸，分批船运入川，开始在后方重建化工基地。

1938年，侯德榜率员工在四川建起了永利川西化工厂，并担任永利川西化工厂厂长、总工程师。在川西化工厂，他带领团队进行了500多次试验，分析了2000多个样品，研究出了新的制碱方法——侯氏制碱法。

▼侯德榜和他的制碱工厂

中华人民共和国成立后，侯德榜投身于中国化学工业的事业中。1958年，担任化学工业部副部长后，侯德榜积极投身于化工行业的领导和规划工作。他带队到上海化工研究院，在上海规划建设合成氨厂。他结合中国国情对《纯碱制造》专著作重要补充和修改，完成了一部85万字的中文著作《制碱工学》。1965年，侯德榜成功研究出了“碳化法”制取碳酸氢铵新工艺，形成了中国独有的小氮肥工艺，该工艺提高了中国化肥的自给率，促进了农业的发展。

侯氏制碱法

侯氏制碱法的基本原理是利用氨、二氧化碳、饱和食盐水和热量来制备纯碱（碳酸钠）。侯氏制碱法的优点在于它提高了食盐的转化率，从原来的70%提高到96%，并且将原本无用的氯化钙转化成化肥氯化铵，解决了环境污染问题。

茅以升：中国现代桥梁之父

茅以升（1896—1989）是中国现代桥梁工程的奠基人，他的一生与桥紧密相连。茅以升主持修建了中国第一座现代化、双层公路铁路两用大桥——钱塘江大桥，也参与设计了中国第一座跨越长江的大桥——武汉长江大桥。同时，他的著作和学术思想为中国桥梁工程学科的发展奠定了坚实的基础，因此他被誉为“中国现代桥梁之父”。

开启中国桥梁工程的新纪元

1896年1月9日，茅以升出生在江苏镇江。由于家境贫寒，他常遭到贵胄子弟的嘲讽、欺负。他内心对此愤懑不平，但是这反而让他变得自立自强。1912年，茅以升进入唐山工业专门学校预科，并于1916年考取留美官费研究生。1917年，他获得美国康奈尔大学研究院专业硕士学位，1919年获得美国卡内基理工学院工学博士学位。他的博士论文《桥梁桁架次应力》中的科学创见还被称为“茅氏定律”。1919年12月，茅以升怀着满腔的爱国热情回到了祖国。

1933年，茅以升迎来了他桥梁生涯中的一个重大挑战——主持修建钱塘江大桥。

▼茅以升回到祖国

立志造桥

在茅以升10岁那年的端午节，人们在南京秦淮河上举行龙舟比赛，许多人聚集在文德桥上观看，但由于人太多，桥不幸坍塌，造成多人伤亡。当天生病没去观看的茅以升听闻这个消息后，眼中噙满泪水，他难过但坚定地说道：“我长大了一定要学习造桥，为咱们老百姓造结结实实、永不倒塌的桥！”自此，茅以升的头脑全部都是桥，只要出门见到桥，他都要仔仔细细地观察；只要读到有关桥的内容，他就会马上将其抄在本子上。他还搜集了各种桥的大量图片，这为他日后成为一代桥梁大师奠定了基础。

钱塘江水流湍急，地质条件复杂，且经常遭受台风和潮水的侵袭，在这样的环境下建造大桥，无疑是一项极其艰巨的任务。茅以升并没有被困难吓倒，毅然挑起了这副重担。他带领团队深入实地考察，详细了解钱塘江的水文、地质等情况。他们在江边设立了多个观测点，日夜监测潮水的涨落、水流的速度和方向等数据，为大桥的设计提供了准确的依据。

在设计过程中，茅以升充分运用自己的专业知识和创新思维，提出了一系列独特的设计方案。他采用了“射水法”“沉箱法”“浮运法”等先进的施工技术，解决了在钱塘江复杂环境下打桩、建造桥墩和架设钢梁等难题。经过无数个日夜的艰苦奋战，1937年9月26日，钱塘江大桥终于建成通车。它的建成标志着中国桥梁工程进入了新纪元。

▼茅以升主持修建的钱塘江大桥

然而，1937年12月23日，正值抗日战争全面爆发不久，为了阻止日军南下，茅以升接到了炸毁钱塘江大桥的命令。他心如刀割般地执行了命令，并在炸桥后立誓：“抗战必胜，此桥必复。”1945年，抗日战争胜利后，茅以升带着精心保护的14箱资料回到杭州，克服重重困难将钱塘江大桥修复完成。

▼为阻止日军南下，炸毁钱塘江大桥

为新中国桥梁工程奠定基础

1949年10月，茅以升毅然挑起中国交通大学校长的重担，致力于培育交通领域的优秀专业人才，为新中国交通事业的起步与发展精心构筑人才基石。同时，他也参加了新中国桥梁的建设工作。

1952年，茅以升开启了在中国铁道研究所的卓越领导历程，成为新中国铁道科学研究的重要奠基者之一。在他的引领下，铁道科研团队不断探索创新，攻克了一个又一个技术难关，有力推动了中国铁道事业的科技进步与快速发展。

1955年，茅以升迎来了他在桥梁建设生涯中的又一高光时刻。他先是当选中国科学院学部委员（院士）及技术科学部副主任，在国家科技决策与战略布局中发挥着重要作用。随后，他出任武汉长江大桥技术顾问委员会主任委员，全面主持这座具有重大战略意义的长江大桥的修建工作。在大桥建设的过程中，他始终坚守一线，悉心指导，解决了众多复杂棘手的技术难题。

▼茅以升参与设计的武汉长江大桥

1957年10月，武汉长江大桥胜利建成通车，这座大桥宛如钢铁巨龙横卧长江之上，将京汉铁路和粤汉铁路完美贯通，使其合称为“京广线”，极大地缩短了中国南北地区的时空距离，有力促进了南北经济的深度交流与协同发展，成为中国交通建设史上一座巍峨耸立的不朽丰碑。同年，他还发起成立“中国土力学及基础工程学术委员会”，凭借其卓越的学术影响力和不懈努力，成功使中国跻身国际土力学及基础工程协会团体会员之列，为中国土力学学科在国际舞台上赢得了一席之地，有力推动了中国在该领域与世界前沿的接轨与交流。

1958年，人民大会堂正式进入筹建阶段，周恩来总理在审查工程设计时特别指出：“要有茅以升的签名来保证。”茅以升对人民大会堂的结构设计做了全面审查核算，最后签了名，确保了这一伟大工程的安全性和可靠性。

1982年，茅以升应邀访美期间，被美国国家工程科学院选聘为外籍院士，他也由此成为中美工程技术交流与合作的重要桥梁与使者，为促进两国在工程技术领域的相互学习、共同发展发挥了独特而积极的作用。

茅以升一生不仅学桥、造桥，他还写桥：1962年在《人民日报》上发表《中国石拱桥》，1963年在《人民日报》连载《桥话》，1986年主编《中国古桥技术史》……这些著作在中国桥梁文化传承发展的长河中熠熠生辉，激励着一代又一代人为桥梁事业不懈奋斗。

▼茅以升一生与桥结缘

汤飞凡：中国疫苗之父

汤飞凡（1897—1958）是中国第一代医学病毒学家和微生物学家，被誉为“中国疫苗之父”。在那个医疗条件艰苦、科研资源匮乏的时代，他建立了中国第一支防疫队伍，生产青霉素及牛痘疫苗、狂犬疫苗、卡介苗等。他还是世界上第一个分离出沙眼衣原体的人，挽救了无数人的生命，对人类健康事业产生了深远的影响。

踏上医学之路

1897年7月23日，汤飞凡出生于湖南醴陵汤家坪。汤家家境并不宽裕，其父是一位靠教书维持生计的乡绅。汤飞凡6岁时入私塾，1912年考入湖南甲种工业学校，学习金工科。一次偶然的机会，他帮助湘雅医学专门学校创办人颜福庆用显微镜寻找钩虫卵，这次经历瞬间点燃了他对医学的浓厚兴趣。从此，一颗医学的梦想种子在他心中悄然种下。1914年12月8日，湘雅医学专门学校成立，汤飞凡凭借自己的聪慧和对医学的热情，被破格免试英语，成为湘雅医学专门学校的首届学生，正式踏上了医学之路。

▼汤飞凡对显微镜下的微观世界非常感兴趣

经过7年的刻苦学习，1921年，汤飞凡以优异的成绩从湘雅医学专门学校毕业，但他没有像大多数同学那样选择开业行医，而是决定继续深造，走上微生物学的求索之路。1922年，他考进北京协和医学院细菌学系。1925年，汤飞凡获得赴美国哈佛大学医学院细菌学系深造的机会。在哈佛大学医学院，他师从细菌学家汉斯·津泽教授，积极参与立克次氏体、病毒相关的研究。其间，汤飞凡一系列的实验研究新发现让老师们惊叹不已，他撰写的《疱疹病毒和脑炎问题》《对超滤的研究》等论文先后发表在美国的《实验医学》《细菌学》《免疫学》等杂志上。汤飞凡成为美国微生物学界一颗冉冉升起的明星。

“恶补”英语

汤飞凡决定报考湘雅医学专门学校，却面临着英语这一巨大障碍，因为入学考试要求考英语，而他连26个英文字母都不认得。他便请求主考暂免试英语，随后补考。从那时起，他便开始利用一切时间学习英语。他买来英文字典天天背诵，以致后来字典被翻得书脊断了线、纸张缺了角。通过不断学习和实践，汤飞凡不仅能够毫无障碍地听懂外籍老师授课，还能用英语撰写长篇毕业论文。

1928年，汤飞凡顺利完成在哈佛大学的学业，此时他收到了时任国立中央大学医学院院长颜福庆的来信，邀请他回国效力。面对祖国的召唤，他毫不犹豫地舍弃了美国的优厚待遇，于1929年春天回国。

▼汤飞凡完成哈佛大学的学业

战火中的“疫苗斗士”

汤飞凡回国后，就任国立中央大学医学院细菌学副教授，主持整个细菌学系的工作。当时，日本人野口英世宣称自己发现了沙眼的病原体是颗粒杆菌，受到日本民众的崇拜，还被写进了教科书。但汤飞凡对这个结果有所怀疑，他和中国眼科专家一起通过大量实验进行研究，最终在1935年发表了《沙眼杆菌与沙眼之研究》的论文，否定了野口英世的说法。

1932年，已升任教授的汤飞凡兼职英国人开设的上海雷氏德研究所细菌学系主任。在这里，他对沙眼、流行性腮腺炎、脑膜炎、流感、致病性大肠杆菌肠炎、牛胸膜炎等开展研究，发表了20多篇极具价值的论文。1935年，汤飞凡赴英国国立研究所进修，进行细菌研究，次年回国。

1937年8月13日，淞沪会战爆发，汤飞凡和妻子何琏住在上海租界内，暂时安全。但他无心搞研究，看到同胞们在战火中受苦，他决定奔赴前线参加医疗救护队。他曾表示：“研究，研究，研究出再好的东西，做了亡国奴，又有什么用？”于是汤飞凡前往长沙组建中央防疫处。防疫处几乎是从零开始建立，没有场地，没有设备，没有资金。他把自己的积蓄捐出，并在岳父的帮助下获得土地和贷款，逐步建立起防疫处。

▼汤飞凡制造疫苗和血清

1938年，汤飞凡被任命为防疫处处长。他带领团队制造了大量的疫苗和血清，为军队提供防疫支持。汤飞凡还成功研制出中国第一剂青霉素以及狂犬疫苗、白喉疫苗、卡介苗等多种疫苗，拯救了成千上万的中国人。

1947年，汤飞凡建立了中国第一个抗生素生产车间，包括研究室和实验动物饲养场。同年，他制作的黄热病病毒灭活疫苗给亚非拉国家带来了极大的帮助。

1949年1月底，中央防疫处改名为中华人民共和国卫生部生物制品研究所，汤飞凡继续担任负责人，并主持组建中央生物制品检定所。他在鼠疫爆发时，临危受命，仅用两个多月的时间就研制出鼠疫减毒活疫苗900余万毫升，有效减少了疫情死亡人数。1949年，沙眼病在中国肆虐，汤飞凡主动请缨，重新开展沙眼病研究。1955年8月，他成功分离出沙眼衣原体并据此研制出治疗药物，不到两年的时间里，中国沙眼发病率就降低至6%以下。

▼汤飞凡进行沙眼病研究

“以身试毒”研究沙眼

在汤飞凡对沙眼病原进行研究的过程中，为了确认分离出的就是沙眼的病原体，他决定“以身试毒”。当时，他已在第八次分离实验中成功分离出第一株沙眼病原。于是，汤飞凡毅然将含有沙眼病原的物质注入自己的右眼。很快，他的右眼出现了典型的沙眼症状，开始红肿、流泪，视力也逐渐下降。在感染的40天里，他没有进行任何治疗，而是以自己的身体为“实验场”，密切观察症状的变化，详细记录每一个细微的反应，为沙眼病原的研究提供了宝贵的临床数据，彻底解决了70多年来关于沙眼病原的争论。

▼沙眼衣原体

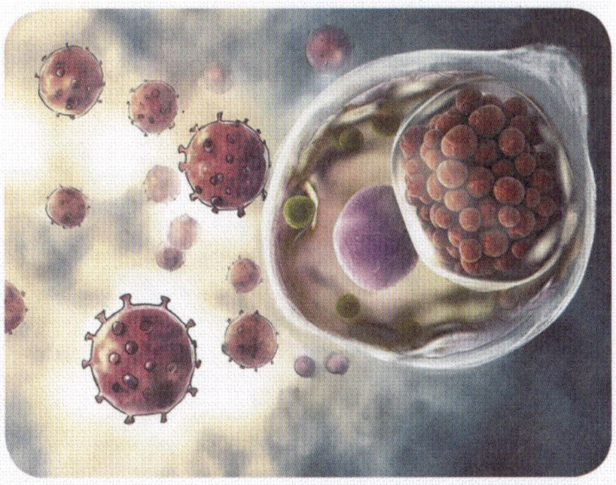

林巧稚：万婴之母

林巧稚（1901—1983）是中国妇产科学的开拓者和奠基人之一，她亲手迎接了数万名婴儿来到这个世界，以精湛的医术和高尚的医德，给予每一个新生命最温暖的呵护。她在胎儿宫内呼吸、女性盆腔疾病、妇科肿瘤、新生儿溶血症等方面的研究成果，为中国妇产科学的发展做出了不可磨灭的贡献。林巧稚被尊称为“万婴之母”“生命天使”“中国医学圣母”。

医学之路：敢为人先

1901年12月23日，林巧稚出生在福建厦门鼓浪屿的一个教员家庭。5岁时，母亲因妇科疾病宫颈癌不幸去世，这一悲剧在林巧稚的心中留下了深深的印记，也让她早早立下了学医的志向，决心要为拯救更多女性的生命而努力。1913年，林巧稚考入厦门女子师范学校。1919年，她又以优异的成绩从厦门女子师范学校毕业，并留校任教。然而，她心中的医学梦想从未熄灭。1921年，她考入北京协和医学院，开启了医学求学的征程。

1929年，林巧稚博士毕业后，因学业优异留校任职，成为北京协和医院第一位毕业留院的中国女医生。刚成为医生一年后的林巧稚，在医院里曾接生一个新生儿，这

考场施救女同学

1927年7月下旬，林巧稚到上海参加北京协和医学院的英语考试。考试中途，同考场的一位女同学因中暑突然晕倒，林巧稚立即放下试卷去施救，冷静妥善地处理好这次突发事件，却因此没能完成考试。一个月后，她意外地收到了入学录取通知书。原来，主考官被林巧稚的考场行为所感动，综合她其他科目考试成绩后，决定破格录取她。

▼林巧稚以优异的成绩从厦门女子师范学校毕业

个小孩就是“杂交水稻之父”——袁隆平。

1939年，林巧稚到美国芝加哥大学医学院妇产科进修。在芝加哥大学，她凭借自己在医学研究方面的出色表现，成为美国“自然科学荣誉学会会员”，并获得了该协会颁发的证书和金钥匙。1940年，她回到中国，不久升任北京协和医院妇产科主任，成为该院第一位中国籍女主任。

▶林巧稚在美国芝加哥大学医学院妇产科进修

1941年底，北京协和医院被日本人占领，包括林巧稚在内的所有医务人员被赶出医院。这一突如其来的变故并没有打倒林巧稚，她决定在东堂子胡同开设妇科诊所，继续为患者服务。在6年多的时间里，林巧稚共留下了8887份病历档案，她的每一份病历都记录得详细而认真。1948年，北京协和医院复院，林巧稚重新回到医院任妇产科主任，主导重建了经过战争洗劫后只剩下几张病床的妇产科。同时，林巧稚开始对癌瘤进行探析研究。

▶林巧稚在北京协和医院对癌瘤进行探析研究

医路仁心：大爱无疆 

1955年，林巧稚受聘为中国科学院学部委员（院士），成为中国科学院医学学部第一位女性委员。1956年，受党中央委托，林巧稚开始主导筹建中国第一个妇产专科医院——北京妇产医院。在她的努力下，1959年6月北京妇产医院正式创建，林巧稚担任首任院长。医院在她的带领下，很快成为国内一流的妇产科专科医院，为广大妇女提供优质的医疗服务。

1958年，林巧稚组织北京市防癌普查小组，对北京8万多名适龄妇女进行妇科普查。她亲自带领团队深入社区、农村，为妇女们进行检查和宣传教育。通过这次普查，许多早期的妇科疾病得到了及时发现和治疗，大大降低了宫颈癌的死亡率。

1962年，林巧稚治疗了一个特殊的孕妇，因为这位孕妇已有三个孩子死于新生儿溶血症。林巧稚和她的团队没有放弃，最终决定采用脐静脉换血法给新生儿全身换血。冒着巨大的风险，经过紧张的操作，她终于成功地救治了这位新生婴儿，这成为有记录以来中国首例成功的新生儿溶血症手术，其治疗方法也迅速在全国推广。

▼林巧稚成功治疗新生儿溶血症患者

1965年，林巧稚参加中国医学科学院巡回医疗小分队，前往湖南湘阴为当地的女性提供医疗援助。她深入农村为妇女们看病、治病。在那里，她还帮助当地办起了农村卫生员、助产员培训班，为提高当地的医疗卫生水平做出了积极贡献。同年，她主持了中华医学会第一届妇产科学术会议，与全国的妇产科专家们交流经验，共同推动了中国妇产科学的发展。

1972～1974年，林巧稚先后出访美国、加拿大、瑞士、法国、伊朗等国家进行学术交流。她在国际舞台上展示了中国妇产科医学的成就，也学习了国外的先进经验。1973年，林巧稚受聘为世界卫生组织医学研究顾问委员会顾问。在任期的5年中，她积极参与国际医学研究项目，为全球的医学发展贡献了中国智慧和力量。

年近八旬的林巧稚，因长时间的高负荷工作早已透支了身体，最终病倒了。但她没有停下为医学奉献的脚步。她用4年时间，在轮椅上、病床上，凭借着顽强的毅力和坚定的信念，终于完成了一部长达50余万字的专著《妇科肿瘤》。

临终呓语

1983年4月22日清晨，昏睡中的林巧稚发出呓语，急促地喊道：“产钳，产钳，快拿产钳来！”接着她又惋惜地说：“你的病只能动手术了，这不能怪我，你来得太晚了！”最后又含笑道：“又是一个胖娃娃，一晚上接生了3个，真好！”这是林巧稚生前留下的最后的话。

童第周：中国克隆之父

童第周（1902—1979）是中国实验胚胎学的主要创始人之一，生物科学研究的杰出领导者，也是海洋科学研究的奠基人。1963年，童第周首次完成鱼类的核移植研究，为后来的克隆技术发展奠定了基础。他的工作不仅推动了中国生物学的进步，也为全球生命科学发展做出了重要贡献。童第周因其在克隆技术领域的开创性工作，被誉为“中国克隆之父”。

曲折的求学经历

1902年5月28日，童第周出生于浙江鄞县（今宁波）一个农民家庭，幼年丧父，家境清贫，只能靠兄辈抚养。1918年，童第周考入宁波效实中学，成为三年级的插班生。由于文化基础差，他第一学期的成绩很不理想，校长要他退学，在童第周的再三请求下，校长允许他跟班试读一个学期。童第周暗下决心：“我并不比别人笨，别人能办到的事，我一定也能办到。”第二学期，他更加刻苦努力。最终他的学习赶上来了，数学甚至考了100分。到了高三期末考试，他的总成绩名列全班第一。

1923年，童第周参加了北京大学和东南大学的考试，但都落选了。后来，他只能在上海复旦大学做特别旁听生，之后他考入复旦大学哲学系。1930年，在亲友的资助

▲童第周在宁波效实中学学习

下，童第周前往比利时布鲁塞尔大学留学。1934年，他获得布鲁塞尔大学博士学位。年底他便回国了，担任山东大学生物系教授，领导组建实验胚胎学研究室，开始实验胚胎学研究。

1950年，童第周受命开始筹建新中国第一个海洋科学研究机构——中国科学院水生生物研究所青岛海洋生物研究室。这标志着中国现代海洋科学开始了全面、系统、规模化的发展。

“生物界的金手指”

童第周在比利时留学期间，成功完成了青蛙卵子外层薄膜剥离和海鞘卵子外膜剥离实验，这震动了欧洲生物界，他的双手从此被同行称为生物学界的“金手指”。童第周深切地体会道：“一定要争气。中国人并不比外国人笨，外国人认为很难办的事，我们中国人经过努力，一定能办到！”

培育“克隆鱼”

1963年，童第周首次完成鱼类的核移植研究，他把鳑鲏鱼的囊胚细胞核取出，放入金鱼的去核卵细胞中，10%的卵细胞孵化成小鱼，中国的克隆鱼诞生了，这是世界第一例异种动物移植。他开创了异种细胞核移植的先河，为20世纪七八十年代中国完成鱼类异种间克隆和成年鲫鱼体细胞克隆打下基础。1973年，童第周通过鲤鱼和鲫鱼间核移植实验，在世界上首次获得了具有繁殖能力且高产的鲤鲫移核鱼，这种鱼后来被命名为“童鱼”。

▼童第周通过实验获得的“童鱼”

王淦昌：中国核弹之父

王淦昌（1907—1998）是中国核科学的杰出代表，“两弹一星”功勋奖章获得者，被誉为“中国核弹之父”。王淦昌参与了中国核武器的原理突破、实验研究和组织领导，在原子弹、氢弹研制过程中指导解决了一系列关键技术问题，是中国核武器研制的主要奠基人之一。

苦难童年，立志科学

1907年5月28日，王淦昌出生于江苏常熟。他自幼命途多舛，4岁丧父，13岁又失去母亲，只能与外婆相依为命。在艰苦的环境下，他从江苏农村私塾一路拼搏，最终于1929年毕业于清华大学。1926年的“三一八”惨案让他深受触动，老师叶企孙关于爱国和科学救国的教诲，在他心中种下了科学报国的种子。此后他刻苦学习，1929年毕业后，留校担任助教。第二年，王淦昌考取官派留学生，前往德国柏林大学留学深造。1933年，他获得柏林大学博士学位。1934年4月，王淦昌回国。

1956年，王淦昌被派到苏联杜布纳联合原子核研究所工作，先后担任高级研究员、副所长等职务。在这里，通过对近4万张气泡室图片和大量数据的深入分析，他所带领的小组于1959年发现了一张反西格玛负超子事例的照片。反西格玛负超子是荷

▼23岁的王淦昌在德国柏林大学留学深造

▲王淦昌在苏联杜布纳联合原子核研究所工作

电反超子的一种，这是人类首次通过实验发现荷电反超子，该成果在国际上引起了轰动，使人类对微观世界的认识迈进了一大步。

回国后，王淦昌任教于山东大学物理系，讲授近代物理学课程，并建立了近代物理实验室。他特别重视培养学生的动手能力。当时实验室的实验设备，除了部分从德国订购外，像光电管、计数管等都是由王淦昌带领工作人员和学生自己动手制造出来的。

在担任大学教授的近20年里，王淦昌培养了一批包括诺贝尔物理学奖获得者李政道等优秀的物理学家。此外，在他言传身教下，造就了一大批人才：周光召、邓稼先、于敏、陈能宽、程开甲、杜祥琬、胡仁宇、胡思得、唐孝威、吕敏、丁大钊、王乃彦、贺贤土……

▼王淦昌培养出众多物理学家

投身核弹，隐姓埋名17年

1961年，面对党中央研制核武器的决定，王淦昌毅然决然地表示：“我愿以身许国。”随即他投身到这项伟大而艰巨的事业中。为了保密，他化名“王京”，从此在科技界“消失”了17年。在这期间，他参与了核武器研制的各个环节。从燕山山脉长城脚下的爆轰试验，到青海高原的聚合爆轰试验和点火装置测试，他都亲力亲为。1964年中国第一颗原子弹爆炸成功，1967年中国第一颗氢弹爆炸成功，他都在其中发挥了关键作用。此后，他还领导了中国前三次地下核试验，帮助中国快速掌握了地下核试验的关键技术。

▲王淦昌领导了中国前三次地下核试验

1978年，王淦昌担任第二机械工业部副部长兼原子能研究所所长。年过七旬的他主持了101研究性重水反应堆的改建工作，该反应堆改建后性能大幅提升，投资却大幅降低，获得了国家科学技术进步一等奖和国防科工委重大成果奖。他还与科学家王大珩、陈芳允、杨嘉墀共同促成《国家高技术研究发展计划纲要》（“863计划”）的出台，对中国的高技术研究发展起到了重要的推动作用。此外，他还特别关注中国核电事业的发展，甚至在高龄时好几次亲自前往秦山核电站工地。

▼王淦昌为中国第一颗氢弹成功爆炸发挥了关键作用

▼王淦昌和小朋友们共同阅读科普读物

王淦昌非常注重下一代的教育和成长，他亲自撰写了《大科学家讲的小故事》系列中的《无尽的追问》一书，以生动有趣的方式向青少年传播科学知识与精神。由于发现反西格玛负超子，他荣获了国家自然科学奖一等奖，他将所获奖金全捐赠给了原子能研究所下属的小学和中学。1986年，中国原子能科学研究院设立“王淦昌基础教育奖励基金会”，王淦昌再次捐赠4万元。在生命的最后时刻，他还嘱咐家人将10万元捐给支塘中学。王淦昌去世后，家人在整理他的遗物时意外发现，他生前还秘密资助了许多贫困学生。

爱科学也爱诗歌

王淦昌是一位科学家，鲜为人知的是，他也酷爱诗歌写作。据王淦昌家乡的苏州市档案馆记载，至今还有人收藏着他所写的诗文。1963年，王淦昌曾创作了《从军行》和《草原礼赞》两首诗。其中，《从军行》是仿照唐朝边塞诗人王昌龄的《从军行》创作的，王淦昌在诗中抒发了“一战生擒吐谷浑”“不捧朝阳终不还”的豪迈之情。

赵九章：中国人造卫星之父

赵九章（1907—1968）是中国现代气象学、空间科学的开创者，也是倡导和开拓中国地球科学数学物理化和新技术化的先驱。他在中国卫星系列的发展规划和具体探测方案制定上做出突出贡献，对中国第一颗人造地球卫星“东方红一号”、返回式卫星等总体方案确定和关键技术研制功不可没。他是“两弹一星”功勋奖章获得者，被誉为“中国人造卫星之父”。

开创中国动力气象学先河

1907年10月15日，赵九章出生于河南开封的一个中医世家。五四运动激发了他科学救国的决心，他毅然决定由文学改学科学，并于1929年考入清华大学物理系。在物理学家叶企孙的影响下，他对气象学产生兴趣。后来赵九章考取了“庚子赔款”留学的名额，前往德国柏林大学攻读气象学专业。1938年获博士学位，他拒绝了导师的挽留，怀着炽热的报国之心回到中国。

回国后，赵九章任教于西南联合大学，先后开设了理论气象学、大气物理学、高空气象学、海洋学等课程，并编写了中国第一本《动力气象学》讲义。同时，他兼任清华航空工程研究所研究员，主攻航空气象。

▼赵九章任教于西南联合大学

1944年，在竺可桢的推荐下，赵九章进入中央研究院气象研究所，领导建设中国现代气象科学。经过多年努力，终于在1949年12月，他和气象研究所的工作人员成功绘制出中国第一幅北半球天气图，这对帮助气象学家了解天气变化，提高中国天气预报水平意义重大。

中国人造卫星的倡导者

1957年10月4日，苏联成功发射世界上第一颗人造地球卫星。为了让中国在人造卫星上不落后于人，赵九章开始对人造卫星进行研究，并写文章鼓励发展人造卫星。1958年，赵九章担任中国科学院人造卫星领导小组副组长，他积极投身于中国空间事业，提出“中国发展人造卫星要走自力更生的道路，要由小到大，由低级到高级”的重要建议。1964年，赵九章正式向国务院提交开展人造卫星研制工作的建议。1966年1月，中央成立“651设计院”，他担任院长。在他去世18个月后，“东方红一号”人造地球卫星发射成功，这让中国成为世界上第五个独立研制和发射卫星的国家。

▶赵九章担任“651设计院”院长

“两弹一星”

“两弹一星”指中国20世纪50～70年代组织实施的以研制导弹、原子弹和人造地球卫星为主要内容的重大国防科技工程。1999年9月18日，中共中央、国务院、中央军委在表彰为研制“两弹一星”做出突出贡献的科技专家大会上，授予23位为研制“两弹一星”做出突出贡献的科技专家“两弹一星”功勋奖章。这次大会将“两弹一星”精神概括为“热爱祖国、无私奉献，自力更生、艰苦奋斗，大力协同、勇于登攀”。

郭永怀："烈士"科学家

郭永怀（1909—1968）以其卓越的科学成就和深沉的爱国情怀，在中国的科学史上，书写了一段不可磨灭的篇章。他是中国近代力学事业的奠基人之一，"两弹一星"功勋奖章获得者，在中国核弹、导弹和人造卫星领域，以卓越的智慧和坚定的意志，为新中国的国防科技事业立下了汗马功劳。

海外求学，赤子之心

1909年4月4日，郭永怀生于山东荣成一个普通农家。由于家庭贫困，郭永怀直到9岁那年，才得以踏入校门。尽管起步比其他孩子晚，但他并没有因此落后。17岁时，他就以超乎常人的努力与才智，赢得了青岛大学附属中学公费生的资格。然而，那时的中国，军阀割据，战火连天，外国列强肆意践踏中华大地，人民的苦难深深刺痛了他的心。少年郭永怀便立下宏愿：为中华民族争气而学习。

20岁的郭永怀考入南开大学预科理工班，这是他梦想启航的新篇章。1931年，他成功考入南开大学物理系，3年后，他转到了北京大学物理系，继续深造。但命途多舛，1937年，抗日战争全面爆发，郭永怀被迫中断学业，返回家乡。他目睹日寇空袭，家乡被轰炸得残垣断壁，他的心被深深地震撼，便做出了一个决定——改学航空

▲青年郭永怀在南开大学物理实验室

工程，以科技之力捍卫家园。于是，1938年，郭永怀毅然前往西南联合大学，投身于航空工程系的流体力学研究。

同年夏天，郭永怀获得了“庚子赔款”留学英国的机会。然而，随着第二次世界大战的烽火燃起，他的留学之路由英国转向了加拿大。之后，郭永怀就读于多伦多大学应用数学系，在那里，他展现出了惊人的学术天赋，仅用半年多时间就完成了硕士学位论文，成绩斐然，成果显著。

1941年，郭永怀跨越重洋，来到美国加州理工学院，师从气体动力学泰斗冯·卡门，并与钱学森结为同门师兄弟，共同在科学的殿堂里探索未知。1946年，受聘于康奈尔大学的郭永怀，从副教授一步步晋升为教授，其学术成就享誉国际。尽管在海外取得了巨大成功，郭永怀的心中却始终装着祖国，他坚定地拒绝加入美国国籍，时刻准备着回到那片生他养他的土地。终于，随着中华人民共和国的成立，郭永怀与钱学森相约，满载着对祖国的深情与报效国家的决心，毅然踏上了归国的航程。

烧掉所有研究文稿！

1956年，收到钱学森的来信后，郭永怀毅然决定回国参加祖国的科学建设。在为他举办的送别野餐会上，他亲手烧毁了自己写成的大量研究手稿，这些手稿饱含着他多年的心血和智慧。因深知回国艰难，为避免美国政府阻挠和审查，郭永怀做出此举，以此表明自己回国的决心和对祖国的忠诚。同年，郭永怀和妻子李佩回到了百废待兴的中国。

▼郭永怀回国参加祖国的科学建设

投身“两弹一星”事业

1960年，郭永怀以突出的才华，被任命为第二机械工业部第九研究所副所长，负责力学领域的工程技术领导工作。从此之后，他便以非凡的智慧和坚定的信念，在核弹、导弹和人造卫星三个关键领域，成为国防科技力量的中流砥柱。

在核弹领域，针对核装置引爆方式方面，郭永怀提出了“争取高的，准备低的，以先进的内爆法为主攻研究方向”的思路，并领导建立了爆轰过程的计算模型和计算方法。他还参与了中国第一颗原子弹的研制工作，为原子弹的成功爆炸做出了重大贡献。

在导弹领域，郭永怀参与了核武器的总体结构设计和环境模拟试验，为核武器的武器化奠定了坚实的基础。特别是在核航弹试验、导弹原子弹“两弹”结合试验、氢弹试验中，他的工作确保了试验的安全与成功。

▼郭永怀参与了中国第一颗原子弹的研制工作

◀中国第一颗人造地球卫星“东方红一号”

在人造卫星领域，郭永怀参与了“东方红一号”卫星的研制工作。他负责了卫星本体及返回卫星回地研究的组织领导工作，为卫星的成功发射与运行提供了强有力的技术支持。

1965年，在担任超低空地对空导弹发射装置的总设计师期间，郭永怀还与同事们共同攻克了一系列技术难题，成功研制出了高比冲的推进剂、新型号的合金钢以及新的耐烧蚀喷管和发动机内壁防热涂层等突破性成果。此外，他还领导了再入物理现象的理论研究，参与了空气动力学研究，为中国的导弹事业做出了杰出贡献。

是科学家，也是烈士

1968年10月，郭永怀奔赴西北草原进行中国第一颗热核弹头发射试验前的准备工作。同年12月5日凌晨，郭永怀乘坐飞机返回北京，计划报告试验数据，但飞机在降落时，发动机突发故障，郭永怀等人不幸遇难。在清理现场时，人们发现郭永怀和他的警卫员紧紧抱在一起，他们是在用身体保护重要的技术资料。22天后，在这份珍贵资料的帮助下，中国第一颗热核导弹试验成功。1999年，郭永怀被追授“两弹一星”功勋奖章，成为唯一一位以烈士身份被追授这一殊荣的科学家。

◀郭永怀担任超低空地对空导弹发射装置的总设计师

华罗庚：中国现代数学之父

华罗庚（1910—1985）是中国数学史上的一位杰出人物。他在数论、代数、多复变函数论等领域均做出了开创性的贡献，他的研究成果至今仍被广泛引用，他的数学思想和方法也已成为数学领域的经典。华罗庚的工作不仅推动了中国数学的发展，还对世界数学产生了深远的影响。他被誉为“人民的数学家”“中国现代数学之父”，并被列为芝加哥科学技术博物馆中“当今世界88位数学伟人”之一。

自学成才的数学奇才

1910年11月12日，华罗庚出生于江苏金坛一个贫苦的家庭。父亲以经营一家小杂货铺为生，母亲是一位勤劳善良的妇女。华罗庚自幼对数学表现出浓厚的兴趣和天赋，但由于家庭贫困，1925年，他从金坛县立初级中学毕业后，因交不起学费而被迫辍学，在家帮助父亲料理杂货铺生意。然而，华罗庚并没有放弃学习，凭借着顽强的毅力和对数学的热爱，在业余时间自学了高中和大学的全部数学课程。

1929年，华罗庚发现权威刊物《学艺》上著名数学家苏家驹的论文《代数的五次方程式之解法》有误，就向编辑部指出了其错误，他有理有据的指正被刊登出来。一年后，他又在《科学》杂志上发表了一篇名为《苏家驹之代数的五次方程式

▶华罗庚自学了高中和大学的全部数学课程

▼华罗庚在清华大学工作

解法不能成立的理由》的文章。这篇文章引起了清华大学数学系主任熊庆来的注意，他立即托认识华罗庚的数学系教员唐培经邀请华罗庚来清华大学工作。

1931年，华罗庚初到清华大学只是作为一名助理，负责收发信函兼打字，保管图书资料等工作。但他并没有满足于此，而是利用清华大学丰富的学术资源，继续深入学习数学，他只用了一年时间便把大学数学系的全部课程学完了。之后，华罗庚被破格提升为助教、讲师。

1936年，华罗庚获得了去英国剑桥大学留学的机会。在剑桥大学，他师从著名数学家戈弗雷·哈代，与世界一流的数学家们一起学习和研究。他集中精力研究堆垒素数论，并发表了一系列重要的数学论文，其中包括关于华林问题、他利问题、奇数哥德巴赫问题等重要研究，并得出著名的“华氏定理”。他的这些成果在国际数学界引起了轰动，使他成为国际知名的数学家。

▼华罗庚在剑桥大学与数学家们一起学习和研究

“愿将涓滴献人民”

1938年，华罗庚毅然放弃了在英国的优越条件，回到祖国。他在西南联合大学被破格聘为数学系教授，培养了大批优秀的数学人才。其间，他还写了20多篇论文，完成了专著《堆垒素数论》。这部作品后来被译为俄语、匈牙利语、日语、德语、英语等语言，是20世纪经典数论著作之一。另外，他还曾利用数论原理，破解日军密码，破译出日军轰炸昆明的计划等重大军事情报，为抗日战争的胜利做出了重要贡献。

▶华罗庚破解日军密码

1946年，华罗庚接受美国普林斯顿大学邀请，前去讲学。1948年，他被美国伊利诺伊大学聘为终身教授。当他得知中华人民共和国成立后，他毫不犹豫地选择回国。归国之后，华罗庚先后担任清华大学数学系主任、中国科学院数学研究所所长等职。

▼华罗庚担任清华大学数学系主任

他在数学领域的研究也硕果累累：论文《典型域上的多元复变函数论》荣获1956年度第一届国家自然科学一等奖；1957年，他出版了《数论导引》；1963年他和学生万哲先合写的《典型群》一书出版……

华罗庚不仅重视理论研究，也重视将数学理论应用到解决实际问题上。1965年，华罗庚开始把工作重点放到数学方法在工农业生产的应用、推广和研究上。在这个过程中，他精心挑选了两个对生产实践具有关键作用的方法——“优选法”和“统筹法”。其中，“优选法”主要侧重于普及以及改进生产工艺；“统筹法”则以改善组织管理、提高效率为主。“双法”对当时中国的工农业生产产生了深远的影响，为提高生产效率和质量做出了重要贡献。其间，他不辞辛劳，深入到全国27个省、自治区、市，足迹遍布各地的工厂、矿山和工地。他没有丝毫的架子，真正与工人、农民打成一片，同吃同住。他写诗明志：“藏拙保身我所憎，愿将涓滴献人民。生产如能长一寸，何惜老病对黄昏。”

华罗庚对中国教育也做出了重要贡献，他培养了王元、陈景润、万哲先、陆启铿、龚升等多位优秀的数学人才。他还倡导和组织中学生数学竞赛活动，激发中学生对数学的兴趣和潜能，为中国数学事业储备人才力量。为了普及数学，他亲自为学生们作报告，还撰写《从杨辉三角谈起》《从祖冲之的圆周率谈起》《从孙子的“神机妙算”谈起》《聪明在于学习，天才由于积累》等多篇通俗的科普文章，培养学生们对数学的兴趣。

▼为普及数学，华罗庚为学生作报告

生命的最后一刻

1985年6月12日，日本东京大学邀请华罗庚作学术报告。当时听众掌声经久不息，原定45分钟的报告便被延长到一个多小时。当华罗庚结束讲话时，突然心脏病发作，倒在了讲台上。经过5个多小时的全力抢救，最终不幸逝世，享年74岁。华罗庚用行动践行了自己的诺言：“最大的希望就是工作到生命的最后一刻。”

钱学森：中国航天之父

钱学森（1911—2009）是中国应用力学家、空气动力学家、系统工程学家。他的一生为中国航天事业奠定了坚实基础，开创了中国航天的新纪元，被誉为“中国航天之父”，对中国乃至全球的航天发展产生了深远影响。他还在国防、教育等诸多领域留下了浓墨重彩的一笔，被誉为“中国导弹之父”“中国自动化控制之父”“火箭之王”。他也是“两弹一星”功勋奖章获得者，是当之无愧的民族脊梁、科学巨星。

艰难的归国之路

1911年12月11日，钱学森出生于上海，自幼聪明过人。钱学森3岁时随父亲迁居北京，在良好的家庭熏陶下，自小就展现出善于学习的潜质。1929年，钱学森考入上海交通大学机械工程学院，攻读铁道机械工程专业。在学习期间，他以卓越的成绩和出色的研究成果，赢得了师生的高度评价。1934年，钱学森考取“庚子赔款”留学美国的名额。第二年，他顺利赴美留学，进入麻省理工学院航空系学习。1936年，他转至加州理工学院，投身于火箭技术的研究，并成为冯·卡门的得意门生。

▼钱学森在上海交通大学攻读铁道机械工程专业

▼钱学森在麻省理工学院航空系学习

在美期间，他与导师冯·卡门紧密合作，共同攻克了一系列空气动力学难题。其中，他们提出的“卡门–钱学森公式”在航空技术领域引发了巨大轰动，为飞机、导弹等飞行器的设计提供了关键的理论依据，极大地推动了航空航天技术的发展。钱学森的名字也因此在国际学术界崭露头角，成为备受瞩目的华人科学家。

1949年中华人民共和国成立的消息传来，钱学森心中涌起强烈的归国冲动。1950年，钱学森开始了艰难的归国之旅。他辞去在美国的一切职务，购买了回国的机票。然而，在他准备登机时，美国移民局突然以各种莫须有的罪名，将他非法逮捕。钱学森被关押在特米那岛上的一个拘留所里，遭受了非人的折磨。他被囚禁在一个狭小的牢房中，灯光彻夜不熄，每隔十分钟就有狱警前来查看，使他无法正常休息。在这样恶劣的环境下，钱学森始终坚定信念，毫不屈服，坚决要求回国。经过中国政府的不懈努力，以及国际社会正义人士的声援，1955年，钱学森一家终于冲破重重阻碍，回到了魂牵梦萦的祖国。

◀钱学森返回中国

◀钱学森参与研制的原子弹爆炸成功

引领中国航天事业

钱学森回国后，深知航天事业对于国家发展和国防安全的重要性，便全身心投入航天事业的创建和发展中。1956年，他向党中央、国务院提出《建立我国国防航空工业的意见书》，这一具有前瞻性的文件为中国航天事业的发展规划了蓝图，奠定了坚实的理论基础，随后便受命组建了中国第一个火箭、导弹研究所——国防部第五研究院。

在当时一穷二白的艰难条件下，钱学森带领科研人员开启了艰苦卓绝的创业征程。他凭借着多年积累的深厚学术造诣和丰富实践经验，亲自为科研人员授课，将自己所学毫无保留地传授给大家，迅

▼钱学森参与研制的“东风二号”

速提升了团队的整体技术水平。

在钱学森的组织和指导下，中国取得了一系列举世瞩目的成就：1960年11月5日，中国在酒泉发射场成功组织了中国制造的第一枚近程导弹“东风一号”的飞行试验；1964年6月，中国自行研制的中程导弹“东风二号”发射成功；1964年10月，中国第一颗原子弹爆炸成功；1967年6月，中国第一颗氢弹空爆试验成功；1970年4月24日，中国第一颗人造卫星“东方红一号”成功发射；1982年，中国首次潜艇水下发射导弹获得成功……

此外，钱学森作为杰出的科学家，在多个领域都提出了前瞻性的构想，这些构想极具指导意义：早在1992年，他就向国家建议绕开传统燃油汽车，直接发展新能源汽车；早在20世纪90年代初，他就关注到了虚拟现实技术（VR），并将其翻译为“灵境”，认为灵境技术的产生和发展将扩展人脑的感知和人机结合的体验，使人与计算机进入深度结合的时代；他提出在西部干旱不毛之地上发展农业型知识密集产业——沙产业，而在他的倡导下，甘肃等地创造出“多采光、少用水、新技术、高效益”的中国沙产业模式；他创新性地提出了“山水城市”理论及未来城市构想……

独特的人生观

早在20世纪50年代，钱学森就慷慨献出《工程控制论》一书的万元稿酬，资助贫困学生；80年代，他又将《论系统工程》中自己的那份稿酬捐出，用作研究经费。晚年，他先后获得两笔100万港元的科学奖金，也悉数捐出，情系祖国西部，用于沙漠治理。他曾说“我姓钱，但我不爱钱”，又曾说“我是一名科技人员，不是什么大官，那些官的待遇，我一样也不想要”，并为自己定下了“不题词，不给人写字，不上名人录，不出席应景活动，不参加成果鉴定，不接受媒体采访”的原则。

张光斗：中国水利水电泰斗

张光斗（1912—2013）是中国水利水电事业的主要开拓者之一。他主持设计了人民胜利渠、密云水库等工程，为三门峡、丹江口、葛洲坝、小浪底、三峡等多座大型水利水电工程建设提供了关键的技术指导。可以说，他把一生都奉献给了中国的水利水电事业。中国工程院首任院长宋健称赞他为“当代李冰”。

投身抗战时期水利建设

1912年5月1日，张光斗出生于江苏常熟的一个贫困家庭。在他家的门前有一条小河，童年时，张光斗就很喜欢跟哥哥们在小河里戏水。这份对水的亲近感，或许早已在他心中种下了水利事业的种子。

1934年，他以优异的成绩毕业于上海交通大学，同年，凭借出色的表现，考取了清华大学水利专业留美公费生，踏上了赴美深造之路。在美国，张光斗先后到加州大学和哈佛大学学习水利工程和工程力学，并分别获得硕士学位，还得到了攻读哈佛大学博士学位的奖学金。

1937年“七七事变”爆发，日本全面侵华，中华民族处于生死存亡的关键时刻。张光斗听闻祖国遭受战火侵袭，心急如焚，毅然放弃了在哈佛大学攻读博士学位

▼张光斗在美国学习水利工程和工程力学

▼张光斗投身于抗战时期的水利水电建设中

这一难得的机会，怀着满腔的爱国热情，踏上了归国之路，投身于抗战时期的水利水电建设中。

回国后，张光斗辗转来到四川省长寿县（今属重庆）龙溪河水力发电工程处工作。当时的中国正处于战争时期，条件艰苦，但他毫无怨言，全身心地投入工作中。1937～1942年，他凭借自己所学的专业知识和顽强的意志，先后设计了桃花溪、仙女硐和鲸鱼口等水电站。这些水电站在当时具有重要意义，虽然它们的装机容量较小，只有从600千瓦到3000千瓦不等，但却是中国人第一次独立自主设计并建造的一批水电站。这些水电站为抗战时期的军工企业提供了宝贵的电力支持，保障了部分军事生产活动的顺利进行，同时也为中国水利水电事业的发展积累了宝贵的实践经验。

1943～1945年，张光斗被派往美国，考察和学习美国大型水利工程的建设和管理经验。回国后，他将所学的先进技术和管理经验应用于国内的水利建设项目中。

▼张光斗考察和学习美国大型水利工程

到国家的水利水电建设热潮中去

中华人民共和国成立后，张光斗积极投身到国家的水利水电建设热潮中。1951年，他参与负责人民胜利渠渠首闸的布置和设计。人民胜利渠是中华人民共和国成立后在黄河下游兴建的第一个大型引黄灌溉工程。该渠建成后，有效解决了黄河下游灌溉用水问题，使灌溉区的粮食产量大幅提高，为保障国家粮食安全发挥了积极作用。

1955年，张光斗在水利工程建设领域做出了一项开创性的贡献：在全国范围内首创水工结构模型试验，并成立了全国第一个水工结构模型实验室。通过模型试验，可以更加直观地模拟水利工程在不同工况下的受力情况、水流状态等，提前发现问题并优化设计方案，大大提高了工程的安全性和可靠性，降低了实际施工中的风险和成本。

1958年，张光斗担任密云水库总设计师。密云水库是一项规模宏大且面临诸多技术难题的水利工程。张光斗大胆创新，运用薄黏土斜墙坝、地下混凝土防渗墙、坝下导流廊道三项国内首创技术，促成密云水库的成功建成。

此后的几十年里，张光斗一直活跃在中国水利水电建设的前沿。他参与了三门峡、丹江口、葛洲坝、二滩、小浪底、三峡等数十座大型水利水电工程的建设，发挥了关键的技术指导作用。

▼张光斗一直活跃在中国水利水电建设的前沿

▼耄耋之年的张光斗仍亲力亲为

张光斗始终将亲临工程现场实地考察视为重中之重，无论面临何种艰难险阻，他都坚定地奔赴一线。2000年的春天，年近九旬的张光斗，以三峡工程质量检查专家组副组长的身份前往三峡工地，专门检查导流底孔的施工质量。为获取最为精准的第一手资料，他全然不顾年迈体弱，执意从基坑处沿着脚手架艰难攀爬，直至抵达55米高程的底孔位置，亲手触摸检查混凝土表面的平整度。当他敏锐地察觉到表面存在凹凸不平的麻面情况时，毫不犹豫地当场责令施工单位务必严格依照设计标准开展返工修复工作，坚决不容许任何质量瑕疵存在。

编写教材

20世纪50年代初，张光斗在清华大学开设了水工结构专业课，编写了中国第一本《水工结构》中文教材。之后他又花费大量精力相继编写了《水工建筑物》《专门水工建筑物》等经典教材，成为水利水电专业学生的必读书，为中国水利水电学科的发展和人才培养奠定了坚实的基础。

王承书：原子弹女功臣

王承书（1912—1994）是中国核物理学家、气体动力学和铀同位素分离专家。她突破重重技术障碍，构建起中国自主的铀同位素分离技术体系，成功填补了中国在铀同位素分离技术领域的空白，为中国第一颗原子弹的成功研制提供了不可或缺的核心技术支撑，使中国在核能利用与国防安全的关键领域迈出了具有决定性意义的坚实步伐。毛泽东主席称赞她为“中国第一颗原子弹爆炸的女功臣”。

“不可多得之才”

1912年6月26日，王承书出生于上海。她的父亲早年中进士，母亲是扬州名门之后，这样的家庭环境为王承书的成长提供了丰富的文化滋养。王承书一家后来迁居北京，她在北京接受了良好的教育。

1924年，王承书进入教会学校贝满女中学习。在中学时期，她亲身经历了“五卅惨案”和“三一八惨案”等重大事件，这些经历在她心中种下了反帝反封建主义的种子，深刻影响了她的思想。同时，居里夫人的事迹让她逐渐意识到科研的价值以及女性在科研领域中所能发挥的重要作用。

▲王承书在燕京大学学习

1930年，王承书凭借优异成绩被保送至燕京大学。她毅然选择了物理学，成为当年燕京大学物理系13名新生中唯一的女生。在燕京大学的学习过程中，她成绩名列前茅。1934年，她的毕业论文《大气污染变化的自动连续记录方法》作为优秀论文发表在《物理学报》上，她也凭借出色的表现获得了学校最高荣誉“斐托斐”金钥匙奖，成为物理系的骄傲。1936年，王承书获得燕京大学物理系硕士学位。1939年9月，王承书与张文裕在物理学家吴有训的主持下完婚。婚后，王承书始终没有忘记自己从事理科工作的抱负。

1941年，王承书获得美国巴伯奖学金，前往密歇根大学攻读博士学位，师从著名物理学家乔治·乌伦贝克。1944年，她获得密歇根大学物理系博士学位，并在密歇根大学从事博士后工作至1956年。其间，王承书与导师乌伦贝克合作提出了“王承书—乌伦贝克方程”，这一方程一经发表便轰动世界，至今仍被科学界沿用。此后不久，她又第一个证明了“索南多项式”，引发国际学术界轰动，被乌伦贝克赞誉为“不可多得之才”。

▼王承书与导师乌伦贝克合作提出了“王承书—乌伦贝克方程”

中华人民共和国成立时，王承书临近分娩，她和张文裕只能暂缓回国。1956年6月，他们放弃国外优渥的生活条件，冲破重重阻碍，最终踏上回归祖国的征程。回国前，王承书考虑到美国可能设置的阻碍，将重要书籍和资料分成300多个邮包寄回国内，这些资料对当时缺乏科研资料的中国来说无比珍贵。

隐于幕后，光照千秋

王承书一回到国内，便立即投身于科研工作，被安排在中国科学院近代物理研究所理论研究室工作，并兼任北京大学物理系教授，讲授热力学和统计物理学等课程。她不仅传授知识，更注重培养学生的科研能力和创新精神，为中国培养了一批优秀的物理人才。

1958年，国家决定筹建热核聚变研究室，这是一个全新的领域，在国内几乎是一片空白。面对这一挑战，王承书毫不犹豫地接受了钱三强的邀请，出任中国科学院原子能研究所热核聚变研究室主任。她带领团队前往苏联学习，回国后将带回的资料迅速翻译成中文，填补了中国在热核聚变理论方面的空白。经过两年的努力，她带领着一支理论研究队伍，为中国受控热核聚变和等离子体研究奠定了坚实的基础。

▲王承书出任中国科学院原子能研究所热核聚变研究室主任

1961年，中国原子弹研制工作进入关键时期，但苏联突然撤走了所有专家，并销毁了所有相关资料。面对这一严峻局面，王承书再次挺身而出，接受了钱三强交给她的高浓铀研制任务。这意味着她必须放弃之前的一切成就，从此隐姓埋名，全身心投入这项高度机密且风险极高的工作中。她换上粗布衣服，离开家庭，奔波于办公室和戈壁之间。通过不懈努力，她和团队最终为第一颗原子弹提供了高浓度装料，比原设计方案的时间提前了113天完成，为中国原子弹的成功爆炸做出了巨大贡献。

1964年，中国第一颗原子弹爆炸成功，王承书的名字虽然未能公开，但她的贡献已被国家铭记。钱三强再次向她发出邀请，希望她继续从事核事业研究。王承书毫不犹豫地答应了，继续在核科学的道路上默默耕耘。她不仅从事理论研究，还亲自到工厂和科研单位了解实际情况，为上级部门决策提供了关于中国扩散级联的经济性分析报告。

除了科研工作，王承书还积极投身到人才培养和学术交流中。她审阅的论文一般都要进行多次修改，她对学生的科研态度和创新能力有着极高的要求。她还捐出自己的出差补助费、各种奖励和稿费，用于购买书籍和文具用品，以及支持中国核学会铀同位素分离分会开展学术交流活动。

无私奉献，淡泊名利

王承书的生活极为俭朴，一双塑料凉鞋穿两三年，一件蓝灰色上衣洗了无数次，舍不得扔，但在交党费、帮助他人时却从不吝啬。王承书每年将大部分工资用来交党费，剩下的钱还要资助学术活动和生活困难人员。在她生命的最后时刻，王承书留下了遗嘱，将自己一生的积蓄十万元，全部捐给了“希望工程”，并且将遗体捐献给医学单位。

▼王承书积极投身到人才培养和学术交流中

钱伟长：中国力学之父

钱伟长（1912—2010）是中国近代力学的奠基人之一，以其在弹性力学、变分原理、摄动方法等领域的开创性成就，被誉为“中国力学之父”。钱伟长不仅是科学家，也是教育家，长期从事教育工作，培养了大批优秀的力学人才，为中国力学事业的发展注入了源源不断的活力。

“弃文从理”为报国

1912年10月9日，钱伟长出生在江苏无锡一个具有深厚文化底蕴的家庭。他的祖父钱承沛是晚清秀才，父亲钱挚是中国近现代教育家，四叔钱穆是中国近现代历史学家、教育家。

1931年，钱伟长从苏州中学毕业，以优异成绩考入清华大学，其入学考试国文和历史均考了满分。因文史成绩优异，他可以在中文系和历史系之间自由选择。然而“九一八事变”的爆发，使他下定决心弃文从理，走科学救国之路。他找到物理系主任吴有训要改学物理，经过软磨硬泡，吴有训让他试读一年，如果一年后数理化有一门考不到70分，就转回文学院。此后，钱伟长每天早起晚归、废寝忘食，年终考试时数理化成绩都超过了70分，如愿留在了物理系。

虽然钱伟长大学选择了物理专业，但实际上他一生都未放弃过文史，他注重全面

清华园里的运动健将

初进清华大学时，钱伟长身高不足1.5米，但他热爱体育运动，每天坚持长跑。一次偶然的机会，他被推荐到校越野长跑队。1933年，他在全国大学生运动会田径比赛中以13秒4的成绩获得了100米栏的季军，其秘诀是把传统的三步跨栏改为四步跨栏。钱伟长还成为清华大学足球队的主力左前锋，1937年，他入选中国队，参加了在菲律宾举行的远东运动会。坚持运动使钱伟长的身高也有所增长，毕业时达到了1.66米。

▲钱伟长在清华大学

发展，对文史依然保持着极大兴趣，他的学术成就和教育理念都体现出对科学和人文的并重与融合。

1935年毕业后，钱伟长公费留学加拿大多伦多大学，师从约翰·莱顿·辛格研究力学。他们合作的论文《弹性板壳的内禀理论》在学术界产生了深远影响，文中的一组方程式被国际科学界称之为“钱伟长方程”。这篇论文在物理学界引起轰动，阿尔伯特·爱因斯坦看到这篇论文后也大加赞赏。

▲爱因斯坦对钱伟长的论文大加赞赏

1942年获博士学位后，钱伟长赴美国加州理工学院喷气推进研究所担任工程师，在“世界导弹之父”冯·卡门的指导下开展课题研究。在冯·卡门的指导下，钱伟长从事航空航天课题的研究，参与火箭和导弹实验，还发表了世界上第一篇关于奇异摄动理论的论文。

在留学美国期间，正值第二次世界大战，英国伦敦遭受德国火箭的威胁，英国首相丘吉尔向美国求助。钱伟长等人经过研究提出解决思路，成功蒙蔽了德军，使伦敦市中心免遭导弹摧残。丘吉尔后来在他的回忆录中称赞“美国青年真厉害”，但他没想到为拯救伦敦做出贡献的是中国青年钱伟长。

▲钱伟长留学期间的研究成果在国际上产生了广泛影响

助中国力学腾飞

1946年，钱伟长放弃国外优厚的条件毅然归国，任教于母校清华大学机械工程系。

1951年，钱伟长在中国科学院数学研究所创办了中国第一个力学研究室，后来又与钱学森合作创办了中国科学院力学研究所和自动化研究所，为国内力学研究搭建了重要的平台，吸引和汇聚了一批优秀的科研人才，开启了中国力学系统研究的新篇章。其间，他研究提出有关圆薄板大挠度问题的参数摄动解法，也就是被国外学者广泛引用的“钱氏摄动法”。

1953年，钱伟长参与起草了中华人民共和国第一部宪法。1954～1956年，他积极参与由周恩来总理亲自领导的中国自然科学12年规划的制定工作，为中国科学技术的长远发展绘制了蓝图。在规划研讨会上，周恩来总理公开赞誉钱学森、钱三强和钱伟长为“三钱”。

1956年，钱伟长在国际大会上作《长方板大挠度问题》《浅球壳的跳跃问题》两个报告，属当时国际力学研究的最前沿水平，深受国际力学界的重视，波兰科学院为此特别授予钱伟长院士称号。

▼钱学森、钱三强和钱伟长讨论火箭动力

“钱校长”

钱伟长拥有科学家、政协副主席、大学校长、教授等诸多头衔，而他本人最喜欢的一个是“校长”。他说：“校长不是什么官，最重要的是全身心投入。”他也用实际行动践行着这句话。1956年，钱伟长担任清华大学副校长。1983年1月，钱伟长担任上海工业大学校长。“钱校长”积极倡导拆除“四堵墙”的教育理念，即拆除学校与社会之间的墙、拆除教学与科研之间的墙、拆除院系专业之间的墙、拆除教与学之间的墙，实现开放办学。经过钱伟长的一系列改革后，学校面貌焕然一新。

1994年5月，上海工业大学与另外3所高校合并组建上海大学，钱伟长任上海大学校长。四校合并之初，建设一个新校区以集中办学成为当务之急。钱伟长不顾自己年迈体弱，全身心地投入到新校区的筹建工作当中。他频繁地穿梭于政府部门、规划机构与建筑设计团队之间，凭借自己的威望与执着，积极争取各方资源与支持。他还亲自绘制校园规划草图，并亲笔手书对新校区总体规划方案设计、环境建设的修改意见和设想。

▼钱伟长是上海大学的“终身校长”

1997年7月新校区立项，次年破土动工，他时刻紧盯建设进度与质量，大到教学楼建设、校园道路铺设，小到实验室设备安装、图书馆藏书规划，均一一过问，确保建设契合其理念与学校发展需求。新校区1999年落成，他主动出资10万元购买营养液滋养树木，助力校园绿化美化。在钱伟长的领导下，上海大学实现了从普通高校到全国名校的华丽蜕变。

钱三强：中国原子弹之父

钱三强（1913—1992）作为中国核物理学家，开创了中国原子能科学事业，被授予“两弹一星”功勋奖章，被誉为“中国原子弹之父”。从对原子核物理的探索，到组建中国原子核科学研究基地，再到领导中国第一颗原子弹的研制，他以非凡的才学和坚定的信念，引领了中国核科技的重大突破。

“从牛到爱”

1913年10月16日，一个男婴出生在浙江绍兴的一户书香门第中，家人为他起名为钱秉穹。13岁时，钱秉穹就读于孔德学校，因他喜欢运动，身体强壮，又因排行老三，他被同学戏称为“三强”。钱秉穹的父亲是中国著名语言文字学家钱玄同，当他听到这个绰号后，认为“三强”寓意“品德强、身体强、学识强”，便决定将其改为儿子的名字。从此，钱秉穹成了钱三强。

1932年，钱三强以优异的成绩考入清华大学物理系，从此，他与物理学结下了不解之缘。钱玄同对钱三强的未来充满了期望。次年，钱玄同亲笔写下“从牛到爱”四个字，希望儿子能发扬属牛的那股“牛劲儿”，以艾萨克·牛顿和阿尔伯特·爱因斯坦为榜样，在科学道路上不断进取。

1936年，钱三强在清华大学完成了本科学业，成为北平研究院物理研究所严济慈所长的重要助手。然而，卢沟桥事变的炮火打破了宁静，面对国家危难，钱玄同以深远的眼光和坚定的信念，鼓励儿子远赴法国，学习最先进的科学技术，以期将

▲钱三强在清华大学学习

◀钱三强与妻子何泽慧怀抱襁褓中的女儿回到祖国

来报效祖国。于是不久之后，钱三强前往法国巴黎大学镭学研究所居里实验室攻读博士学位，成为居里夫人女儿伊雷娜·约里奥–居里和女婿弗雷德里克·约里奥–居里的学生。

1948年，尽管钱三强在法国享受着优渥的科研条件，并已取得不俗的科研成果，但他毅然决定回国，因为他深知：“虽然科学没有国界，科学家却是有祖国的。正因为祖国贫穷落后，才更需要科学工作者的努力去改变她的面貌。”带着这份深沉的责任感，钱三强与妻子何泽慧怀抱襁褓中的女儿回到了中国。

中国的居里夫妇

1946年春，钱三强与何泽慧经过反复实验，发现了铀核的三分裂和四分裂现象，这一发现不仅反映了铀核特点，还使人类能进一步探讨核裂变的普遍性。这一成果被认为是第二次世界大战后核物理研究的重要成果，西方媒体用《中国的居里夫妇发现了原子核新分裂法》这样的标题予以报道。

▲回国后钱三强组建北平原子学研究所

领导建设“一堆一器”

▲钱三强自己动手制造科研设备

回国后，钱三强在清华大学物理系任教。1950年，在钱三强的主持下，中国原子能科学研究院的前身——中国科学院近代物理研究所成立。1958年，钱三强领导并成功建成了中国首个重水型原子反应堆、第一台回旋加速器以及一系列重要的仪器设备。这些成果的取得，为中国在核科学技术领域的进一步发展筑牢了根基。

当时，国内科研条件十分艰苦，缺乏先进的科研设备和充足的科研经费。钱三强便发扬自力更生、艰苦奋斗的精神，号召大家到旧货市场找零件，自己动手制造科研设备。

“一堆”：重水型原子反应堆

重水型原子反应堆是中国第一个原子反应堆，它采用重水作为慢化剂，能够实现可控的核裂变反应。重水型原子反应堆的建成标志着中国在核技术应用方面取得了重大突破，为后续的核科学研究和核工业发展提供了稳定的中子源和能量来源。

1964年10月16日，钱三强51岁生日的这一天，第二机械工业部部长刘杰用颤抖的声音对他说：“三强同志，我们的原子弹今天下午三点爆炸。看来是会响的，但也不排除万一的可能。”钱三强听了，眼含热泪，十分激动地说：“会响的，我相信一定会响！”

随着一声“起爆”的命令，钱三强参与研制的中国第一颗原子弹爆炸成功！这也是他收到的一个特别又意义非凡的生日礼物。

▼重水型原子反应堆

▶钱三强全身心投入到原子能事业中

钱三强不仅是一位杰出的科学家，更是一位知人善任的领导者。在他的领导下，大批优秀的科学家和工程师被吸引和聚集到了原子能研究领域，其中就包括邓稼先、王淦昌、彭桓武、朱光亚、郭永怀、于敏等多位科学家。他还曾参与了中国科学院的筹建工作，主张以苏联、法国的科学院为雏形，建立中国自己的“国家科学院”。钱三强还曾协助北京大学、清华大学、中国科技大学建立技术物理系、原子核物理系等，为中国核科学和核工业培养了大量人才。

“一器”：回旋加速器

回旋加速器作为一种重要的粒子加速器，它可以将带电粒子加速到很高的能量，用于研究原子核的结构和性质。回旋加速器的建成使得中国科学家能够在国内进行更深入的核物理实验。

▼回旋加速器

王大珩：中国光学之父

王大珩（1915—2011）是中国光学界的泰斗，被誉为“中国光学之父”。作为中国现代光学及光学工程的主要学术奠基人、开拓者和组织领导者，他的工作极大地推动了中国光学研究及光学仪器制造的发展，特别是在国防光学工程事业上做出了重大贡献。王大珩参与了“两弹一星”项目，是“863计划”的主要倡导者和“两弹一星”功勋奖章获得者，为中国科技的现代化奠定了坚实的基础。

开启光学之门

1915年2月26日，王大珩出生于日本东京，未满周岁的时候，随家人回国。王大珩的父亲王应伟是一位天文与气象学家，早年旅居日本，回国后先后在北京和青岛观象台工作。王大珩自幼聪敏过人，5岁就直接读小学二年级。在学校里，他对理科展现出了浓厚的兴趣和过人的天赋，尤其喜欢物理和数学课程。初中毕业时，他已经学完了高中数学的全部内容。

▼王大珩在观象台接触气象观测设备

中学时期的爱好

王大珩在读中学的时候，常去父亲工作的观象台。在这里，王大珩能够近距离接触到各种科学仪器，如天文望远镜、气象观测设备等，这让他对科学产生了极大的兴趣。

◀王大珩留学英国

1932年，王大珩凭借出色的成绩考入清华大学物理系。当时的清华大学物理系拥有一批优秀的教授，如叶企孙、吴有训、周培源等，他们的授课和指导让王大珩受益匪浅。1936年，王大珩从清华大学毕业。1938年，他考取了“庚子赔款”留学英国的资格，踏上了赴英国伦敦大学帝国学院应用光学专业学习的征程。1940年，王大珩获得了理学硕士学位。但王大珩并没有满足于此，而是继续转入英国谢菲尔德大学攻读博士学位，潜心研究光学玻璃。

1945年，王大珩研制出V—棱镜精密折射率测定装置，并在英国制成商品仪器。这一装置的精度达到了当时的国际先进水平，具有重要的实用价值。他因此获得了英国科学仪器协会“第一届青年仪器发展奖”。

1948年6月，王大珩应北平研究院物理研究所所长严济慈的聘请，回到中国到该所从事光学研究工作。

放弃博士学位

1942年，王大珩在英国谢菲尔德大学攻读博士学位期间，为了学习制造光学玻璃的真正本领，以便回国报效国家，他毅然放弃了在读的博士学位，应聘到伯明翰昌司玻璃制造公司，在实践中学习光学玻璃的制造技术。

▲王大珩受托筹建中国科学院仪器馆

建设中国光学事业

1951年，王大珩受托筹建中国科学院仪器馆。他亲自参与规划和设计，从选址到设备采购，从人才引进到科研项目的确定，都亲力亲为。1952年，仪器馆（长春光机所）在长春正式建成，王大珩任馆长，从此开始了他在中国光学领域的开拓之旅。经过不懈努力，在王大珩的带领下，中国科学院仪器馆熔炼出光学玻璃，结束了中国没有光学玻璃的历史。

▼王大珩潜心应用光学研究

随后，王大珩带领团队用5年时间做出了具有开创性意义的“八大件、一个汤”，包括1秒精度大地测量经纬仪、1微米精度万能工具显微镜、大型石英摄谱仪、中型电子显微镜、中子晶体谱仪、地形测量用多臂（倍）航摄投影仪、光电测距仪和高温金相显微镜等八种精密光学仪器以及融化态光学玻璃。这些成果填补了国内空白，为中国的科研、国防、工业等领域提供了重要的技术支持。

1956年，王大珩参与制定中国《1956—1967年科学技术发展远景规划纲要》，提出了要重点发展光学技术等战略建议。在他的推动下，中国陆续建立了一批光学研究机构和生产企业，形成了较为完整的光学工业体系。

1960年，王大珩承接了一项国防科研任务，即研制大型光学跟踪电影经纬仪（代号为“150工程”），他担任总工程师，并于1965年成功完成任务。在中国第一颗原子弹爆炸时，他主持研制的光学仪器成功地采集到了核爆区域的一手影像资料，为后续的研究和分析提供了宝贵的数据。1965年，王大珩参加“东方红一号”的总体方案制订工作，任中国科学院地面设备组负责人。他带领团队攻克了多项关键技术，成功研制出了对地观测相机。

1986年，王大珩和王淦昌、陈芳允、杨嘉墀联名建议跟踪研究外国高新技术的发展进程，促成“863计划”的出台，为中国高科技领域的发展规划和项目实施提供了宝贵的指导和建议。

“863计划”

“863计划”全称“国家高技术研究发展计划”，旨在以中国国家目标和市场需求为导向，重点解决一批具有战略性、前沿性和前瞻性的高技术问题的发展计划。1986年3月，王大珩、王淦昌、杨嘉墀、陈芳允四位科学家联名向中央提出《关于跟踪研究外国战略性高技术发展的建议》，这份建议得到了邓小平同志的高度重视和批示。同年11月，中共中央、国务院批准了《国家高技术研究发展计划纲要》，并于1987年3月正式开始实施“863计划”。

彭桓武：大家推许的大家

彭桓武（1915—2007）是中国理论物理学家，早期核物理、中子物理理论以及核反应堆理论的奠基人之一，“两弹一星”功勋奖章获得者。他为中国原子弹、氢弹、核潜艇的理论设计做出了杰出贡献。他以深厚的学术造诣、高尚的人格魅力和无私的奉献精神，赢得科学界的广泛尊重和赞誉，被誉为“大家推许的大家”。

从少年“神童”到西洋“双博士”

1915年10月6日，彭桓武生于吉林长春，原名彭梦熊，后改名彭飞，再改为彭桓武。在父亲的指导下，他从小就博览群书，其中就包括《物种起源》《科学大纲》等科学专著，这培养了他对科学的浓厚兴趣。

彭桓武对物理、化学、数学特别着迷，他不断跳级，在16岁时就考入了清华大学物理系，是名副其实的“神童”。毕业后他又进入清华大学物理系研究生院继续深造。他凭借过人的学识，在清华大学中出类拔萃，与王竹溪、林家翘、杨振宁并称为“清华四杰”。

▶1935年彭桓武获得清华大学理学学士

1937年，抗日战争全面爆发后，彭桓武辗转来到昆明的云南大学任教，并继续物理学研究。1938年，他在老师周培源的建议下，到英国爱丁堡大学跟随量子力学的奠基人之一马克斯·玻恩，从事固体物理、量子场论等理论研究。彭桓武成为玻恩的第一位中国弟子。

▲彭桓武与玻恩一起进行物理理论研究

1940年，他以论文《电子的量子理论对金属的力学及热学性质之应用》获得哲学博士学位。1941年8月，彭桓武来到爱尔兰的都柏林高级研究院做研究学者。其间，他与国外专家合作，提出了著名的“HHP理论”，这一理论轰动了整个物理界。导师玻恩对他赞赏有加，著名物理学家埃尔温·薛定谔也在给阿尔伯特·爱因斯坦的信中多次夸奖他。1943年8月，彭桓武又回到爱丁堡大学做卡内基研究员，与玻恩一起研究场论方面的问题，并于1945年与玻恩共同获得爱丁堡皇家学会的麦克杜加耳–布列兹班奖，同时于当年获得科学博士学位。

◀彭桓武终于回到祖国

走了6年的归国路

1941年，彭桓武打算学成归国，由于第二次世界大战爆发，欧洲到亚洲的海路已被德军封锁，于是彭桓武决定从大西洋到美国，然后过太平洋回国。但当他办理签证时，发现要签的条款写满了美国对其他国家公民的鄙视和轻侮，其中一条还要求办签证者必须承认自己父亲不是小偷，这侵犯了彭桓武的底线，他愤然拒绝签字。后来国际局势日趋紧张，他的回国一事被无限期搁置。直到1947年，他才终于回到祖国。

助力中国科技发展

彭桓武回国后，于1948年初来到云南昆明，到云南大学担任物理系的教职工作。这一年，彭桓武当选为爱尔兰皇家科学院院士，但当时因国际局势等原因，当选通知书在1970年中美建交后才收到。之后，彭桓武先后在清华大学、北京大学、中国科学技术大学等多所高校执教。他在教学过程中认真负责，奖掖后进，提携后辈，为新中国培养了大量的物理人才。他还与钱三强、何泽慧、王淦昌等一起创办了中国科学院近代物理研究所，这拉开了中国近代物理前沿科学研究的序幕。

▼彭桓武回国后在多所高校执教

1955年10月，彭桓武当选为中国科学院数学物理学化学部学部委员（院士）。这一年，国家开始重视核科学技术的发展，为了学习国外先进的核技术，彭桓武以特派实习生的身份赴苏联热工研究所学习反应堆设计理论。回国后，他开始讲授反应堆理论，并且为核工业部新招来的工程师补“核工原理”专业基础课，培养核科学技术人才。

20世纪60年代初，苏联撤回援助专家，中国科学家必须自力更生研制原子弹。1961年4月初，彭桓武奉命被调到当时的第二机械工业部第九研究所，顶替撤走的苏联专家，负责核武器的理论攻关工作，在原子弹的理论设计方面发挥了重要作用。第一颗原子弹理论设计完成后，他又迅速组织力量转向氢弹原理探索，设计了三套氢弹研制方案，为中国氢弹的成功研制奠定了基础。

▼彭桓武负责核武器的理论攻关工作

1982年，彭桓武因在“原子弹、氢弹设计原理中的物理力学数学理论问题”方面做出的突出贡献，获得国家自然科学奖一等奖。之后，他又获得1985年国家科技进步奖特等奖、1995年何梁何利基金科学与技术成就奖等，1999年被授予“两弹一星”功勋奖章，这些荣誉是对他卓越贡献的高度认可。

“彭桓武纪念赠款”

1995年，彭桓武将何梁何利基金科学与技术成就奖的100万元港币奖金设立为“彭桓武纪念赠款”，将奖金全部分赠给那些曾经为尖端科学事业奉献力量，却因年龄增长、伤病困扰等原因，没能获得足够重视与荣誉的同事。“彭桓武纪念赠款”表达了彭桓武对昔日战友的深厚情谊，诠释了他淡泊名利、无私奉献的崇高精神。

任新民：中国航天“总总师”

任新民（1915—2017）是中国导弹与航天技术的重要开拓者之一，“两弹一星”功勋奖章获得者。他参与了中国众多导弹和航天项目的研制工作，从早期的导弹仿制到自行研制液体火箭发动机，再到卫星发射等一系列重大工程，他都发挥了关键作用，被誉为“中国航天领域的布局人”“中国航天‘总总师’”。

投身祖国建设

1915年12月5日，任新民出生于安徽宁国。他自幼勤奋好学，于1934年考入国立中央大学化学工程系。1937年发生了震惊中国的“七七事变”，任新民觉得要让中国摆脱外来入侵，就必须有强大的国防力量，他便中途退学。不久，他考入重庆中央兵工学校大学部造兵系。毕业后，他留校任教并担任国民政府兵工署21厂技术员。后来，因工作出色，任新民于1945年被选送到美国辛辛那提磨床铣床厂实习。

实习期间，任新民克服身在异国他乡的重重困难，边工作边学习。在实习结束后，他成功考取美国密歇根大学研究院机械工程专业的硕士研究生。之后，他继续深造，获得工程力学博士学位。1948年9月，任新民被美国布法罗大学机械工程系聘任

少年时期的革命挫折

1929年，年仅14岁的任新民加入了中国共产主义青年团。此时，国民党在安徽宣城实施“白色恐怖”，血腥屠杀中国共产党党员、共青团员和革命群众。为了躲避当局的审查，还在上中学的任新民被父亲送往偏远山区，成为一名乡村小学教师。任新民在这里，不但无法实现自己的报国之志，还要承受巨大的愤恨和痛苦——他亲密的师友因暴动被杀或被捕。但他对工作始终兢兢业业，同时刻苦自学中学课程。半年后，任新民参加了南京市高中招生考试，被南京钟英中学录取，3年后又考入国立中央大学化学工程系。

▼任新民在美国辛辛那提磨床铣床厂实习

为讲师，但执教不到一年，中华人民共和国即将成立的消息让他心潮澎湃，随即他决定辞去美国的教职，回国投身祖国的建设事业。

1949年8月，任新民辗转回到祖国。后来，任新民担任南京华东军区军事科学研究室研究员。1952年，他接到通知前往北京，参与哈尔滨军事工程学院的筹建工作。之后他被任命为炮兵工程系教育副主任兼火箭教研室主任，主讲固体火箭课程，为中国培养了一批早期的火箭技术人才。

▲1949年8月，任新民乘坐邮轮辗转回到祖国

布局中国的航天事业

1956年，党中央发出“向科学进军”的号召，中国开始大力发展新兴技术，包括火箭和原子弹等。同年10月，国防部第五研究院成立，这是中国第一个专门的导弹研究机构。作为机构的组建负责人，钱学森邀请任新民参与筹建工作，让他担任总体研究室主任、设计部主任等职。任新民的第一项任务是接收从苏联引进的P-1导弹模型，并进行测绘仿制，探索适合中国国情的导弹研制之路。

1961年，任新民被任命为“东风二号”导弹总设计师。1962年3月“东风二号”首次试飞失败。面对失败，任新民没有气馁，他冷静分析原因，总结经验教训，带领团队不断改进。经过多次试验和调整，飞行试验最终取得成功。之后，他又相继参与中程、中远程、远程液体弹道式地地导弹等多种液体火箭发动机的研制和试验，以及向太平洋预定海域发射远程弹道式导弹的飞行试验工作。

▼任新民担任“东风二号”导弹总设计师

▼"长征一号"将中国第一颗人造卫星"东方红一号"成功送入太空

20世纪70年代以来，任新民多次担任试验与实用卫星通信工程的总设计师。1970年1月30日，他参与研制的"东风四号"火箭成功发射。4月24日，"长征一号"在他的参与和指挥团队的共同努力下，将中国第一颗人造卫星"东方红一号"成功送入太空。这标志着中国初步掌握了研制多级运载火箭和发射人造地球卫星的技术，中国航天活动的序幕由此揭开。

1985年至1986年上半年，面对国内有人主张购买国外通信卫星的呼声，任新民直言上谏，写下了一封给中央有关领导的信。他力陈自力更生、艰苦奋斗的重要性，最终打动了国家高层领导。在任新民的坚持和努力下，中国连续成功发射了多颗实用通信卫星，为航天事业的发展注入了新的活力。他曾坚定而自信地表示："中国的运载火箭不仅能发射自己研制的通信卫星，发射中国购买的外国制造的通信卫星，还可以承揽国际商业发射服务。"

活到老，学到老

即使90多岁了，在每天早晨起床之后，任新民依然坚持对照着一本厚厚的英汉词典翻译阅读最新的文献。他常说："即使是再有造诣的专家，不深入实际就会退化，会'耳聋眼花'，3年不接触实际，就基本上没有发言权了。"

陈芳允：卫星测控技术奠基人

陈芳允（1916—2000）是中国无线电电子学和空间系统工程专家，中国卫星测量、控制技术的奠基人之一。他为中国无线电电子学做了开创性工作，不仅参与了中国第一颗人造地球卫星“东方红一号”的测控方案制定，还在卫星测量与控制技术方面提出了创新性的理论和方法，使得中国卫星在轨道监测、数据传输和精准定位等环节有了可靠的技术支撑，为之后的北斗卫星导航系统的研发和建设奠定了坚实的基石，使中国在全球卫星导航领域拥有了自主知识产权和核心竞争力。1999年，陈芳允被授予“两弹一星”功勋奖章。

立业不立官

1916年4月3日，陈芳允出生于浙江黄岩。在他小的时候，他的父亲对他说：“一定要好好学习。我希望你将来不要做大官，要做大事，要在社会上立自己的业绩。”这对他以后的人生产生了很大的影响。

1934年，陈芳允考入清华大学机械系，后来在二年级转入物理系，主攻无线电电子学。1935年，陈芳允参加了“一二·九”学生爱国运动，这次运动让他更加坚定了科学救国、振兴民族的决心。

1945年，陈芳允前往英国留学进修，在考瑟无线电厂研究室从事有关电视接收机图像质量改进方面的研究，后来转入曼彻斯特工厂雷达研究室，参加海用雷达的研制工作。

▼陈芳允研制电子仪器设备

▶陈芳允首次提出“双星定位通信系统”设想

1948年，陈芳允归国，进入中央研究院生理生化所担任技术人员。在此期间，他成功研制出了国内生物电子学方面的第一套电子仪器设备。1957年，在他的带领下，中国成功对苏联发射的世界第一颗人造地球卫星进行了无线电测量。同时他和蔡德孚等人研制出了纳秒级脉冲采样示波器，被评价“具有国际领先水平”。

送人造卫星上天

1963年，陈芳允与同事研制出原子弹爆炸测试用的多道脉冲分析器，该仪器在原子弹的爆炸试验中发挥了重要作用。1964年，他带领团队研制出可在飞机上使用的单脉冲体制雷达，该雷达被广泛应用于中国的歼击机上。

1965年，中国开始研制第一颗人造地球卫星，陈芳允担任卫星测量、控制的总体技术负责人，主要负责地面测量控制设备的研制、台站和中心的建设、轨道计算等方面的任务。他带领技术人员进行辛苦的实地考察，决定在新化、南宁、昆明、海南设立4个多普勒测量站，解决了卫星测量的关键问题，为“东方红一号”人造卫星的准确测量、控制和发射成功做出了重要贡献。

1983年，陈芳允首次提出“双星定位通信系统”设想，为北斗卫星导航系统奠定了理论和技术基础。他的这一创想，比美国科学家的类似设想早了15年。在此基础上，中国于1989年进行的双星定位系统演示实验取得成功。

两项生活技能

熟悉陈芳允的人都知道他有两项特别的技能：一是自己给自己理发，二是自己给自己缝补衣服。他觉得去理发店太费时间，便自己动手，练出了自己给自己理发的绝活儿。陈芳允还非常擅长针线活儿，即使在81岁高龄时，他只需凭借着感觉和经验，就能轻松地将细线穿进小小的针眼。

梁守槃：中国海防导弹之父

梁守槃（1916—2009）是中国导弹总体和发动机技术专家，“两弹一星”的功臣。他参与了中国多个导弹项目的研制，从仿制近程导弹到自主研发海防导弹，都取得了巨大成功。他带领团队打破技术封锁，攻克重重难关，为中国导弹技术的进步奠定了坚实基础，使中国拥有了自主研发和生产导弹的能力，提升了中国的国防实力，捍卫了国家海洋国土安全，被誉为“中国海防导弹之父”。

立志“工程救国”

1916年4月13日，梁守槃出生于福建福州。受当时“科学救国”“工程救国”热潮影响，他立志钻研工程技术，并于1933年考取清华大学机械系航空组。1937年毕业后，梁守槃到空军机械学校高级机械班学习。当时美国对中国抗日战争所需武器装备有“现款自运”的要求，这激发了他建立中国自己军事工业的想法。1938年8月，梁守槃赴美国麻省理工学院攻读航空工程硕士学位，完成学业后，他选择回国。1940年2月～1942年8月，他在西南联合大学航空系和机械系任讲师、副教授，为中国培养了大批航天人才。

▼梁守槃在美国麻省理工学院攻读航空工程硕士学位

献身“导弹护国”

1956年，国防部第五研究院成立，梁守槃被调到该院成为发动机室主任。1957年，中国争取到苏联援助P-2近程导弹仿制权，他被任命为中国第一枚仿制导弹“东风一号”的总设计师。同年11月5日，“东风一号”成功发射，结束了中国没有导弹的历史。

1965年，梁守槃被任命为第七机械工业部第三研究院副院长和中国海防导弹武器系统总设计师，负责研制“海鹰二号”反舰导弹，带领研究人员进行技术攻关。他们想方设法减轻了导弹结构的重量，增加了导弹推进剂箱的容积，还提高了导弹的射程。1966年，虽然“海鹰一号”经历了三次发射失败，但通过梁守槃的缜密计算与周密设计，最终使“海鹰二号”于1970年实现七发六中，通过定型试验并装备部队。“海鹰二号”也就是后来被西方人称为“蚕式导弹”的中国第一代岸舰导弹。

1984年，梁守槃设计的“鹰击八号”在国庆阅兵式上亮相，性能超越法国“飞鱼”反舰导弹。梁守槃还倡导制造中国的超声速反舰导弹。后来，他倡导的这类导弹装备在中国的驱逐舰、飞机和潜艇上，成为捍卫国家海洋国土安全的利器。

▼“鹰击八号”导弹

“中国飞鱼”——“鹰击八号”导弹

“鹰击八号”即C—801反舰导弹，它使用固体发动机，体积小、重量轻，能够超声速、超低空地贴近海浪尖飞行，并且可以抗电子干扰以及有效避开敌舰雷达，还能钻进敌舰“肚子”里爆炸，射程达50千米。1984年，“鹰击八号”在国庆35周年阅兵式上一亮相，观礼台上随即有外国专家站起来惊呼：“飞鱼！中国的飞鱼！”

黄纬禄：巨浪之父

黄纬禄（1916—2011）是中国导弹专家，是中国首枚潜地导弹总设计师、中国第一艘核潜艇副总设计师以及中国固体战略导弹的奠基人，“两弹一星”功勋奖章获得者，被誉为“巨浪之父”“航天老总”。他所研制的导弹提升了中国的军事威慑力，使中国在国际军事舞台上拥有了更多的话语权，为中国的国家安全和稳定提供了坚实保障。

立志亲自研制导弹

1916年12月18日，黄纬禄出生于安徽芜湖。黄纬禄从小便对数学展现出浓厚的兴趣和天赋，1933年，他凭借出色的成绩考入江苏省省立扬州中学就读高中，在毕业考试中，数、理、化科目均取得满分的佳绩。1936年，黄纬禄顺利进入国立中央大学电机系学习。“七七事变”爆发后，学校被迫搬迁至重庆，面对国家的危难，黄纬禄常与同学们一同探讨救国之策，立志报国。

1945年，黄纬禄前往伦敦大学帝国学院攻读无线电专业的硕士学位。其间，他目睹了德国V-1、V-2导弹袭击伦敦时所展现出的巨大威力，并且还参观了一枚V-2导弹的实物。这些经历深深地触动了他，使他坚信：中国是火药的故乡，中国人一定能

▶黄纬禄在伦敦大学帝国学院攻读无线电专业

够造出自己的火箭和导弹！自此，他立下了亲自研制导弹的志向。1947年，在获得硕士学位后，黄纬禄随即选择回国。

研制中国的导弹

1956年，在听取钱学森的一场报告后，黄纬禄毅然选择穿上军装，投身到研制导弹的伟大事业中。之后，他被调往国防部第五研究院，负责主持导弹控制系统的仿制工作。最终，黄纬禄和战友们成功突破了相关技术难关，使“东风一号”成功发射。

20世纪60年代，黄纬禄奉命担任固体战略导弹总体设计部主任，负责主持这项工程的研制工作。在没有任何外国实物和资料可供借鉴的情况下，他开创性地提出了“一弹两用”的设想，即让同一枚导弹既能在潜艇上发射（作为潜地导弹），又能在陆地上使用（作为陆基机动固体战略导弹）。在这一设想下，中国成功研制出陆基机动固体战略导弹武器系统，填补了国家在这一领域的空白。

“剜肉补弹”

为了能够研制成功“巨浪一号”，时年66岁的黄纬禄过度操劳，体重减少了11公斤。但他却说：“11公斤相对于动辄以吨计算的导弹来说算不了什么，但是将这血肉‘补’在导弹上，成就的却是一个民族的希望和骄傲！”

1982年，黄纬禄担任航天工业部科学技术委员会副主任兼第二研究院科技委主任。同年10月12日，他组织科技人员，成功发射了中国第一代固体潜地导弹“巨浪一号”，这标志着中国具备了自行研制潜地导弹和水下发射战略导弹的能力，中国从此拥有了二次核打击能力。

▼黄纬禄与“巨浪一号”导弹

屠守锷：中国洲际导弹之父

屠守锷（1917—2012）是中国火箭和导弹专家，也是中国导弹与航天技术的开拓者，“两弹一星”功勋奖章获得者，被誉为“中国洲际导弹之父”。屠守锷不仅带领团队在短短8年内突破重重难关，成功研制出中国第一枚洲际导弹，一举打破国外技术封锁，震惊世界，更在“长征二号”火箭的研制中发挥了关键作用，使中国的航天事业迈上了新的台阶。他的一生都在为铸造“护国之剑”奋斗不止。

走上航天之路

1917年12月5日，屠守锷出生于浙江南浔。家境虽不富裕，但他的父亲非常重视教育，屠守锷在当地读了小学。1932年，15岁的屠守锷在上海目睹日军轰炸城市的惨状，他立下志愿：“一定要为死难的同胞们报仇，亲手造出我们自己的飞机。”1936年，屠守锷考入清华大学机械系，第二年转入航空系。

1940年，他远赴美国麻省理工学院深造，仅用两年时间便获得了硕士学位。之后，他成为布法罗寇蒂斯飞机制造厂的一名工程师，负责飞机强度分析。1945年日本

▼屠守锷目睹上海遭到日军轰炸

投降，祖国百废待兴，他立即辞去工作回国。回国后，屠守锷来到西南联合大学，并开设了航空专业课程。1948年，他认识到在中国共产党的领导下，才有可能实现强国梦，于是便秘密加入中国共产党。

自主设计中国的导弹

1957年，屠守锷受邀到国防部第五研究院从事国防科研工作。1958年，他调任第五研究院一分院第二设计部主任，领导地空导弹仿制与研制工作，完全自主设计中国自己的导弹。1962年，中国第一枚中近程导弹首飞失败后，他临危受命兼任总体设计部主任，负责分析故障并改进设计。1964年6月，经他以及技术人员的修改后，导弹飞行试验成功。

1965年，屠守锷接到研制洲际导弹的任务。在100天总装测试中，他始终坚守一线。1971年9月，由他领导设计的中国首枚远程导弹半程飞行试验获得成功。之后，他担任“东风五号”的总设计师。1980年5月，中国第一枚洲际导弹“东风五号”首次全射程试验成功。

▲屠守锷与中国第一枚洲际导弹“东风五号”

同时，屠守锷还担任“长征二号”运载火箭总设计师。1975年11月，“长征二号”成功发射了中国第一颗返回式遥感卫星。20世纪80年代后，他还领导解决了若干重要型号研制中的关键技术问题，并参与中国火箭技术发展重大战略问题的决策。

吴自良：为原子弹装“心”的人

吴自良（1917—2008）是中国物理冶金学家、材料科学家。他的核心成就在于带领团队成功研制出中国第一颗原子弹的核心元件——分离铀同位素用的甲种分离膜。这一成果犹如为原子弹装上了“心脏”，使原子弹真正具备了强大的威力和生命力。1999年，吴自良被授予“两弹一星”功勋奖章，这是对他一生科学追求和爱国情怀的最高赞誉。

从放牛娃到科学家

1917年12月25日，吴自良出生于浙江浦江一个知识分子家庭。然而，他3岁时父亲因病离世，家庭经济状况急转直下。在那段日子里，家中唯一的家产是一头老黄牛，他成了放牛娃，每天与牛相伴，早出晚归。不过，吴自良从小就展现出了惊人的记忆力。9岁进入私塾后，老师让他背四书五经，他能倒背如流，此事在当时的浦江被传为佳话。

1935年，吴自良考入了国立北洋工学院的矿冶系。当时航空事业正在蓬勃发展，学校新成立了航空机械系。在“航空救国”的热潮中，吴自良以优异的成绩转入了航空机械系。毕业后，他曾先后在云南垒允中央飞机制造厂、昆明中央机器厂担任设计师、工程师。

1943年，吴自良前往美国匹兹堡卡内基理工学院学习冶金，师从X射线晶体学家、物理冶金学家查尔斯·巴瑞特教授和物理学家罗曼·斯莫洛柯夫斯基教授攻读博士学位。

▼吴自良在美国匹兹堡卡内基理工学院学习冶金

攻克关键难题

1948年，吴自良获得美国理学博士学位，毕业留校从事博士后研究。随后，他应聘到美国锡拉丘兹大学，在材料系任副研究员，负责主持重要科研项目“软钢中阻尼和疲劳”的研究工作。

1949年10月，吴自良听到新中国成立的消息，立即决定回国，建设祖国。1950年冬，他辗转回到祖国。

20世纪60年代初，国际形势日益严峻，中国决定独立自主地研制原子弹。其中，甲种分离膜技术对于原子弹的成功研制是一项关键难题。甲种分离膜是原子弹中用来分离铀−235和铀−238的核心部件，其技术难度极高，当时国外又对中国实行了严格的技术封锁，这使得原子弹研制工作面临巨大的挑战。

▼吴自良和他的团队研制甲种分离膜

吴自良临危受命，担任甲种分离膜研制项目的负责人。经过3年多的艰苦努力，吴自良和他的团队终于在1963年成功研制出了甲种分离膜，性能达到了国际先进水平。

“蝈蝈专家”

吴自良有一个鲜为人知的爱好，那就是养蝈蝈。他晚年时曾从市场上买回一只蝈蝈。刚开始，这只蝈蝈叫得很欢，然而不久后它停止了鸣叫。老伴徐仁开玩笑说：“老头子，你不是原子弹都研究过吗？蝈蝈为啥不叫了，你给研究研究。”吴自良便真的开始研究了起来。经过观察和“试验”，他得出了一个规律：“给蝈蝈喂两颗毛豆叫，喂三颗毛豆不叫。”通过调整喂的食量，蝈蝈又开始鸣叫，而且声音更加悦耳。因此，吴自良被戏称为“蝈蝈专家”。

钱骥：中国卫星的“守护神”

钱骥（1917—1983）是中国人造卫星技术和空间探测事业的先驱之一，被授予“两弹一星”功勋奖章，堪称中国卫星的“守护神”。在中国第一颗人造地球卫星“东方红一号”的研制过程中，钱骥精心统筹卫星的各项功能设计，确保卫星在轨道运行正常。此外，他在返回式卫星等后续项目中持续发力，为中国卫星技术的开创与发展提供了坚实的技术保障，使中国在国际航天领域逐渐站稳脚跟。

波折的求学之路

1917年12月27日，钱骥出生在江苏金坛一户贫寒人家。6岁时，他到村里祠堂的私塾读书，打下了坚实的文化基础。1929年，他以优异的成绩考入金坛县立书院小学，由于之前读了几年私塾，而且又自学了一年新课本，基础非常好，他直接从六年级开始读。

1930年8月，钱骥考取江苏省立南京中学初中部。但1931年12月学校被解散，他被迫辍学半年。1932年8月，钱骥进入金坛县立初级中学，初中毕业后，他在金坛县河头小学、神亨小学当了一年的教师，在此期间，他还参加了中共地下党领导的读书会。

1935年，钱骥考入无锡师范学校。“七七事变”后，钱骥带领同学奔赴武汉寻找抗日组织，还到民众补习学校当教师。1938年8月，钱骥从北碚四川中学师范部毕业。同

实地求学

1930年，13岁的钱骥考上了全省最好的中学——省立南京中学。这个消息在当时相当于秀才中举，全村都轰动了，但是40多元的学费让这个以种地为生的贫困家庭犯了难。钱骥的父亲深思熟虑后，最终横下心卖了几亩地，才给儿子凑够了学费。钱骥将这作为学习的动力，在校期间，他整天埋头苦读。图书馆的门一开，他就会一直坐在那里看书做笔记学习。就算假期回家，他也会关起门认真读书。

▼钱骥初中毕业后担任小学教师

年9月，他又考入国立中央大学师范学院理化系。1943年毕业后，他留校任助教，并继续进修物理专业。

1947年，钱骥被推荐到中央研究院气象研究所任助理研究员，协助院长赵九章开创地球物理研究。在这期间，他参与了气象研究相关工作，对大气物理等领域有了初步了解。他曾负责中央气象研究所实验室及探测仪器，修理多台不同型号气象探测仪、真空管检验计和电子频率计等。在地震研究方面，钱骥对地磁、地震波进行研究，还协助组织出版了《中国地震资料表》，翻译《测震学中几个理论问题》等。

▼钱骥在中央研究院气象研究所任助理研究员

▼钱骥投身中国空间科学事业

投身中国空间科学事业

20世纪50年代后期，钱骥开始投身中国空间科学事业的创建工作中。1958年，中国科学院开始进行人造地球卫星的研究工作，代号“581”任务，赵九章出任总负责人，钱骥担任办公室副主任，二人携手开启人造卫星方案的探索研究征程。10月，钱骥作为中国高空大气物理代表团成员前往苏联学习考察，然而，苏方仅向他们展示了卫星外壳，这次经历极大地刺激了钱骥，他更加坚定了中国自主研制卫星的信念。

1965年，钱骥提出了《我国第一颗人造卫星方案设想》的报告，为中国卫星发

▼钱骥领导设计的“东方红一号”接受科研人员的测试

展进行了规划设想，这也是中国当时关于人造卫星的第一份设计报告，奠定了中国第一颗人造卫星的设计总基础。他还主持起草《我国卫星事业发展的十年规划》《关于发展我国人造卫星工作的规划方案建议》两份对中国卫星事业发展有着深远影响的文件。9月，钱骥被任命为技术负责人，领导开展"东方红一号"卫星总体方案设计和分系统技术设计工作。在他的带领下，科研团队积极行动，安排落实了将近200个预研和试制项目，同时，还组织完善了6个科研室，在卫星技术、火箭探空等8个领域取得科研成果，为卫星成功发射奠定了基础。1970年4月24日，由钱骥参与设计的中国第一颗人造卫星"东方红一号"在长征一号运载火箭的搭载下成功飞向太空。

1974年，钱骥被任命为空间飞行器总体设计部主任，在这一重要岗位上，他主持修订了"东方红二号"通信卫星方案，提出"实践一号"科学试验卫星设计方案。在研制"实践二号"科学卫星过程中，他大胆提出发展返回式遥感卫星的建议，为中国卫星技术的发展开拓了新的方向。

一份手稿

1968年，钱骥被调到基层工作，但他没有停下科研事业，依然坚持看书学习，写下了几万张研究卡片。钱学森曾去看望钱骥，他便从抽屉里拿出了一份1966年的卫星规划手稿，这就是后来发射的第一颗人造卫星——"东方红一号"卫星的三种方案手稿。

▲钱骥与"东方红二号"通信卫星

程开甲：中国“核司令”

程开甲（1918—2018）是中国理论物理学家、“两弹一星”功勋奖章获得者，是中国核武器事业的杰出领导者和科学家，被誉为中国“核司令”。他参与主持了中国第一颗原子弹的研制以及氢弹、两弹结合等多种试验方式的30多次核试验，为中国核武器事业的发展奠定了坚实基础，极大地提升了中国的国防实力和国际地位。

逆境中的求学之路

1918年8月3日，程开甲出生于江苏吴江一个商人家庭。祖父去世后，程家就败落了。在程开甲7岁时，他的父亲也去世了，母亲离家。自此，年少的程开甲便失去了双亲的疼爱。尽管如此，程开甲还是接受了教育。他在读私塾时，由于没人辅导，中文基础不好。后来，小学毕业时，他想读花钱少的嘉兴二中，但两年都未能考中。最后，程开甲考入了秀州中学。在秀州中学，他起初成绩平平，后来通过不懈的努力，成绩名列前茅。他还在多方面取得了优异成绩，比如，在读高中时，他参加英语演讲比赛，获得全校第一名，后来在全省教会中学背诵比赛中，还夺得冠军。

1937年，程开甲高中毕业，考入浙江大学物理系，师从束星北、王淦昌、苏步青等名师。在浙江大学期间，由于抗战，学校不断西迁，他经历了艰苦的“流动大学”

▶中学时期的程开甲

学习没有捷径

程开甲认为学习最根本的是靠刻苦、勤奋。在读中学期间，程开甲会在楼梯下看书，在厕所里看书，夜里经常学习到十一二点。当时，他能背圆周率小数点后60多位；乘方表、立方表更是背得滚瓜烂熟；会自己绘制地图；能将《林语堂英语》从头到尾背下来……

生活，但他依然坚持刻苦学习，在此期间，他还与当时教授函数论课的陈建功教授合作发表了论文。1944年，英国科学家李约瑟访问浙江大学，优秀的程开甲给他留下了深刻的印象。

▼程开甲在浙江大学刻苦学习

1945年，程开甲在李约瑟的帮助下，获得英国文化委员会奖学金，前往英国爱丁堡大学留学，师从著名物理学家马克斯·玻恩教授。在留学期间，他深入学习物理学知识，也经历了被外国人歧视的遭遇，这更激发了他报效祖国的决心。他在学术上取得了重要成果，与导师共同提出超导电性双带理论，同时还萌生出回国开展金属物理和固体物理研究的想法。1948年，程开甲在爱丁堡大学获博士学位。

▼程开甲博士毕业后进入英国皇家化学工业研究所工作

投身核武器研制

1950年8月，程开甲回到祖国。他先后在浙江大学、南京大学任教，为祖国培养了大量优秀的物理人才。除了做好教学、科研本职工作外，他还广泛涉猎各种知识，精通英语，懂德语，又学习了俄语。

1959年，程开甲被调去参与原子弹研制工作。他克服重重困难，学习相关知识，为第一颗原子弹引爆做出杰出贡献。1962年秋，他被调到国防科委工作，去核试验基地组建核技术研究所。在新疆渺无人烟的戈壁滩上，程开甲一干就是20多年，其间经历了飞机故障、爬山考察险些掉落山崖等危险和困难，但他始终坚持在核试验一线，参与并见证了多次核试验的成功。

▲程开甲在新疆戈壁滩上的科研基地

在核试验准备过程中，程开甲住在帐篷里，经常工作到凌晨2点多。有一次公务员为他热了4次饭，他都因和别人讨论一个重要参数的探测技术问题而没来得及吃。凌晨准备睡觉时，他发现被子里滚出两个苹果，这才想起自己还没吃饭，拿起苹果吃了没几口就睡着了。夜里风沙大，清晨起来被子上蒙了一层细沙，而他嘴里还含着沾满沙尘的苹果。

▼程开甲主持中国首次平洞地下核试验

1969年9月，程开甲主持了中国首次平洞地下核试验，并取得了成功。他设计的回填堵塞方案实现了“自封”，确保了试验工程的安全。为了获取中国地下核试验现象学的珍贵第一手资料，程开甲不顾个人安危，亲自深入地下爆心考察，为后续的核试验理论研究、安全评估以及技术改进提供了极其宝贵的依据。

1978年10月，在程开甲研究设计的试验方案指导下，中国首次竖井地下核试验获得圆满成功。这次试验的成功标志着中国地下核试验技术的成熟，也为后来中国不再进行大气层核试验，全部转入地下试验奠定了基础。

之后，程开甲研究了多个项目，包括高压物理、大功率微波、中微子问题、重新研究超导理论及其应用问题等，他始终在为祖国的科研事业贡献着力量。在百岁生日时，他说：“我这辈子最大的幸福，就是自己所做的一切，都和祖国紧紧地联系在一起。”

忘记了年龄

一次核试验准备就绪后，程开甲和基地司令员被周恩来总理召集汇报工作。程开甲对各项细节如数家珍，从当量、探头、数据，到风速、危害等都能对答如流。然而，当周总理问他年龄时，他却愣住了，想了半天也没回答出来。一个能记住圆周率小数点后60多位数的人，居然记不住自己的年龄！

施雅风：中国现代冰川学之父

施雅风（1919—2011）是中国地理学家、冰川学家。他以卓越的科研成就和对科学的无限热爱，开创了中国冰川物理、冰川水文、冰芯与环境、冰雪灾害、第四纪冰川等方面的研究。他的工作不仅填补了国内冰川研究的空白，还推动了中国冰川学理论的发展，使之走向世界前沿。

地理研究崭露头角

1919年3月21日，施雅风出生于江苏海门的一户农家。1937年，在完成基础教育后，施雅风凭借优异的成绩考入浙江大学史地系。在浙江大学学习期间，施雅风师从地质学家叶良辅，在叶良辅的指导下，他的毕业论文《遵义南部地形》被教育部评为优秀论文，后来改名为《遵义附近之地形》，并在《地质论评》上发表。1942年毕业后，他继续深造，并于1944年在地理学家黄秉维的指导下完成硕士论文《华中水理概要》，获得浙江大学研究院硕士学位。

1944年9月，施雅风来到重庆北碚的中国地理研究所，担任助理研究员。在这里，他相继发表了《川西地理考察记》《川东鄂西区域发展史》《三峡水库区经济调查报告》《三峡区鷂子砾岩成因探讨》《成都平原之土地利用》等一系列有影响力的论著，这些成果涵盖了区域发展、地质地貌等多个领域，在地理研究领域引起了广泛关注，使他逐渐崭露头角。

1949年，施雅风联合中国地理所的研究人员，积极创办《地理知识》月刊。这本月刊在地理科学知识的普及和传播方面发挥了重要作用，为广大读者打开了了解地理世界的窗口，激发了更多人对地理科学的兴趣。

▼施雅风参与创办《地理知识》月刊

向冰川学之路进发

新中国成立后，施雅风决定将研究方向转向冰川学。1958年，施雅风带领一支100余人的考察队向祁连山进发，开启大规模的冰川考察。面对祁连山地区复杂多变的气候、高海拔带来的缺氧和低温、狂风肆虐以及交通不便导致的物资匮乏等重重困难，施雅风和队员们背负沉重的科研设备，徒步穿越崎岖山路，向着冰川深处挺进。

同年7月1日，考察队在祁连山腹地柳条沟地区的托赖山脉，成功登上海拔5143米的冰川最高点。通过初步考察和观测，他们发现该冰川厚度达80～1000米，含水量约有1.6亿余立方米，相当于两个北京十三陵水库的水量。施雅风提议将其命名为“七一冰川”，作为庆祝中国共产党成立37周年的礼物。之后几个月，7支考察队对祁连山进行更深入的考察，攀登了60多条冰川，还在大雪山老虎沟冰川建起了中国第一座冰川观测站。

▼施雅风带领考察队向祁连山进发

1959年，施雅风根据考察，主持撰写完成40余万字的《祁连山现代冰川考察报告》，这是中国第一部较为完整的冰川考察报告，填补了中国冰川研究领域的空白。

1974年，施雅风领导组织对巴托拉冰川的考察研究，准确预报了该冰川的变化，并确定了中巴公路通过方案，为中巴公路的修建做出了重大贡献。1978年，施雅风组织中国冰川学家开始了中国冰川目录的系统编制工作。经过24年艰苦卓绝的工作，团队完成了12卷共23册的巨著《中国冰川目录》，获得了中国49206条冰川的名称、位置、长度、面积、储量等30多项参数的系统信息，使中国成为世界各冰川大国中唯一全面完成冰川编目的国家。

2002年，施雅风根据调查，提出了“中国西北气候由暖干向暖湿转型”的科学推断，这为学术界开辟了全新的研究方向，促使众多科研团队开展跨学科、综合性的项目研究。

吴文俊：中国人工智能先驱

吴文俊（1919—2017）是中国数学家。他提出的“吴公式”为拓扑学这座大厦添砖加瓦，让世界看到了中国数学家在前沿数学理论上的卓越能力。之后，他又提出了“吴方法”，该方法不仅为计算机自动证明几何定理提供了有效的理论基础，推动了人工智能的发展，还开辟了近代数学史上第一个由中国人原创的研究领域——数学机械化。他的科研生涯，是对“科技是国家强盛之基，创新是民族进步之魂”的最好诠释。

拓扑学的新星

1919年5月12日，吴文俊出生于上海一个知识分子家庭。1933年，吴文俊进入了上海正始中学学习。1936年，他由于品学兼优，考入交通大学数学系。

1946年，吴文俊迎来了他学术生涯的一个重要转折点。他结识了著名数学家陈省身。陈省身对吴文俊的数学才华十分赏识，邀请他到中央研究院数学研究所工作，并指导他进行拓扑学的研究。在陈省身的引领下，吴文俊开始深入接触拓扑学这一前沿领域，开启了他在高等数学研究领域的新篇章。

1947年，吴文俊获得去法国留学的机会。他来到了斯特拉斯堡大学，跟随著名数学家夏尔·埃瑞斯曼学习。1949年，吴文俊在法国完成了他的博士论文，并获得了法国国家博士学位。在法国期间，他刻苦钻研，化繁为简，提出“吴示性类”“吴示嵌类”和“吴公式”，在国际数学界引起了巨大的反响，也让吴文俊在国际数学舞台上声名鹊起，为中国数学理论研究赢得了极高的荣誉。

▲吴文俊在法国留学期间刻苦钻研

开创数学机械化研究的领域

1951年，吴文俊回到中国，先后在北京大学数学系和中国科学院数学研究所任职。在这一时期，他积极投身数学研究和教育工作。

1974年，吴文俊正式开始钻研中国古代数学史，受到启发后衍生出中国古代数学思想是构造性、算法性的基本理解，从而奠定了他开启数学机械化研究的基础。1977年，吴文俊关于平面几何定理的机械化证明首次取得成功，研究成果很快发表在《中国科学》杂志上。这项研究成果被称为“吴方法”，它提供了一种用计算机证明几何定理的新思路。

▼吴文俊钻研中国古代数学

吴文俊的研究成果在国际学术界掀起巨大波澜，被视为开创了人类数学研究的全新领域——数学机械化。这一领域的理论可应用于多个高技术领域，解决了曲面拼接、机构设计、计算机视觉、机器人等高技术领域核心问题，也为人工智能中的自动推理和符号计算提供了核心思路，推动了人工智能从理论到实践的跨越。因此，吴文俊被誉为“中国人工智能先驱”。

数学“老顽童”

吴文俊虽然整天与数学打交道，但他绝不古板。他随性、爱笑，有很多爱好和兴趣，熟悉他的人都称他为“老顽童”。吴文俊70岁时，有一次去香港参加研讨会，他趁着开会间隙，竟然一个人偷偷去玩过山车。81岁时，他与众人访问泰国，看见一位女士正趴在大象的鼻子上拍照，他便好奇地也要爬上去。还有一次在澳大利亚，吴文俊在动物园看到有蟒蛇表演，他就上前让别人将蟒蛇缠绕在他的脖子上，其他人都吓得后退，只有他很淡定。

杨嘉墀：中国自动检测学奠基者

杨嘉墀（1919—2006）是中国航天技术和自动控制专家，被誉为“中国自动检测学奠基者”。他不仅参与了中国第一颗人造地球卫星“东方红一号”的姿态控制和测量分系统的研制，还领导完成了“一箭三星”的发射任务，为中国航天事业的开创和发展做出了卓越贡献。他所推动的自动检测技术在航天领域的应用，不仅为中国航天技术突破了重重难关，更在国际航天舞台上为中国赢得了尊重和话语权，成为中国航天事业发展的关键力量。

丝商子女立志报国

1919年7月16日，杨嘉墀出生于江苏吴江一个丝商家庭。他的祖父曾任震泽丝业公会会长，思想先进，对子女和孙辈都采用新式教育。1932年，随家人迁居上海后，杨嘉墀成功考入上海中学。毕业后，他又以优异的成绩被上海交通大学电机工程系录取。然而入学不足一个月，上海沦陷，学校被迫搬入法租界。在租界内，杨嘉墀度过了4年大学时光，这段时间也让他心中的报国之志愈发坚定。

1941年6月，大学毕业后，杨嘉墀在云南昆明担任西南联合大学电机系助教，并在中央电工器材厂工作，开始了单路载波电话机的试制工作。1945年，他成功研制出中国第一套单路载波电话样机，并在昆明工业展览会上展出。第二年，杨嘉墀前往美国芝加哥自动电话生产厂进行实习。其间，他在哈佛大学工程科学系与应用物理系深造，先后获得硕士学位和博士学位。

▼杨嘉墀在芝加哥自动电话生产厂实习

1950～1955年，杨嘉墀先后任职于宾夕法尼亚大学和洛克菲勒研究所。其间，他成功研制出高速模拟机和自动快速记录吸收光谱仪，结束了以往光谱仪手动操作的历史。这套仪器被命名为“杨氏仪器”，获得美国专利。1956年，杨嘉墀携妻女回国。回国之前，他和妻子变卖家产，购买了振荡器、真空管等国内急需的设备。

中国自动化科学的先锋

回国后，杨嘉墀积极投身于“中国科学技术十二年发展规划”的制定与实施工作，并于1957年参与筹建中国自动化学会。1958年，作为中国科学院高空大气物理代表团成员，他前往苏联考察空间科学技术。回国后，他提出从研制探空火箭入手发展中国空间技术的建议，这一建议得到了采纳，有力地推动了20世纪60年代初期中国探空火箭的发射工作。1959年，在杨嘉墀的组织下，中国科学院自动化研究所开展了自动化检测研究工作。在此期间，他带领团队研制出多种用于火箭发动机试车的仪表，包括高温压力计、涡轮流量计、晶体加速度计和火焰温度计等。

◀杨嘉墀带领团队研制出多种用于火箭发动机试车的仪表

20世纪60年代初，为保障原子弹顺利引爆，杨嘉墀担任温度、冲击波压力、地面振动测量仪技术总负责人。1963年初，在负责“核爆炸试验用测试仪器”技术工作时，他提出采用反馈式光电倍增管线路的大量程温度计方案和变磁阻式压力传感器方案，并于1964年3月完成研制。

1965年，杨嘉墀担任人造卫星总体设计组副组长，参与卫星总体设计方案讨论，并针对卫星的姿态控制及姿态测量进行专题论证。他提出利用自动控制实现卫星姿态控制的设想，并组织多家单位协作攻关中国第一颗人造卫星“东方红一号”。

1975年11月26日，在杨嘉墀的领导参与下，中国第一颗返回式卫星“太空游子”由“长征二号”运载火箭成功发射升空，并于29日顺利回收。这使中国成为继美国、苏联之后第三个掌握卫星回收技术的国家。1975～1987年，中国成功发射了10颗返回式卫星，都采用了杨嘉墀主持研制的三轴稳定姿态控制系统。

20世纪80年代，作为中国科学探测与技术试验“实践”系列卫星的总设计师，杨嘉墀领导完成了“一箭三星”的发射任务。1986年3月，他与王大珩、王淦昌、陈芳允三位科学家联名提出《关于跟踪研究外国战略性高技术发展的建议》，由此催生了“863计划”。

吴孟超：中国肝胆外科之父

吴孟超（1922—2021）是中国肝脏外科的开拓者和奠基人，被誉为“中国肝胆外科之父”。他一生致力于肝胆外科的临床实践与研究，不仅在肝癌治疗和肝脏移植领域取得了开创性成果，还培养了一大批肝胆外科领域的专业人才。吴孟超以其精湛的医术、高尚的医德和对医学事业的无私奉献，赢得了国内外同行的广泛尊敬。

南洋赤子心

1922年8月31日，吴孟超生于福建闽清。他3岁时，为了生计，他的父亲远赴南洋从事体力劳动。到了5岁，吴孟超随母亲远赴马来西亚沙捞越，与在那里劳作的父亲相聚。在异国他乡，吴孟超在家庭橡胶园的劳作中度过了他的童年。他一边协助家人割胶，一边坚持学习。

1939年，吴孟超在马来西亚的华侨学校光华初级中学完成学业。同年，他和同学们将毕业聚餐的资金捐献给了抗日的延安根据地，这一爱国行为得到了毛泽东和朱德的回信感谢。1940年，吴孟超带着对祖国的热爱和抗日的热忱，穿越新加坡、越南，最终到达昆明，回到了战乱中的祖国。由于战乱无法前往延安，他决定留在昆明，以“读书救国”。同年，吴孟超通过自己的努力考入同济大学附属中学。1943年，他顺

▲吴孟超在光华初级中学完成学业

割橡胶练就“拿刀巧手”

吴孟超投奔父亲后，过了几年，他开始跟着父母到橡胶园割橡胶以维持生计。割橡胶是一项需要极高技巧和耐心的工作，需要在不损伤橡胶树的情况下，准确而迅速地割开树皮，让橡胶乳液流出。在割橡胶的过程中，吴孟超逐渐练就了一双稳定而灵巧的手。这段经历对他多年之后创立对肿瘤快、准、狠的“吴氏刀法”很有帮助。

利进入同济大学医学院，踏上了医学学习之路。1949年，他获得了医学学士学位后，进入华东军区人民医学院第一附属医院，成为一名外科军医，开启了他的医疗生涯。他还顺利拜著名的外科学家裘法祖为师。1954～1959年，吴孟超一直跟随裘法祖学习，成为裘法祖的得力助手，并在其指导下，走上了肝胆外科的医学之路。

1958年，吴孟超与同事方之扬一起翻译并出版了中国第一部有关肝脏外科方面的医学译著——《肝脏外科入门》，为国内肝脏外科的发展提供了宝贵的理论支持。

▼吴孟超与同事方之扬讨论书稿

铸就“肝胆春秋”

1958年，第二军医大学第一附属医院成立了由吴孟超、张晓华和胡宏楷组成的三人肝脏外科小组，即“三人研究小组”，开始了对肝脏外科的深入探索。1959年2月，一次偶然的灵感启发，他们用溶解后的乒乓球材料成功制成了中国第一具结构完整的人体肝脏血管模型。

以此为基础，再结合临床实际，吴孟超于20世纪50年代末提出了人体肝脏“五叶四段”的解剖学理论，这一理论为肝脏外科手术提供了重要的解剖依据，极大地推动了肝脏外科的发展。60年代初，他提出了适用于所有肝脏外科手术的方法——常温下肝门间隔阻断切肝法，进一步提高了肝脏手术的安全性和成功率。1961年，吴孟超发现了“正常和肝硬化肝脏手术后生化代谢规律”，并据此提出纠正肝癌术后常见的致命性生化代谢紊乱的新思路与新策略，明显降低了手术死亡率。1963年，吴孟超成功实施了高难度的中肝叶（处于肝脏的“心脏”部位）切除手术，成功突破了中肝叶手术的禁区。

▼由吴孟超、张晓华和胡宏楷组成的“三人研究小组”

1975年，吴孟超成功切除了一个重达18千克的巨型肝海绵状血管瘤，并在此过程中发明了一种新的捆扎术式来治疗血管瘤，使得此类手术的成功率达到了100%。除此之外，他还首创了通过肝动脉插管、栓塞和结扎的方法来治疗肝癌，为肝癌治疗开辟了新途径。1976年，吴孟超在上海大力推进肝癌的普查工作，对超过18万人进行了肝癌筛查，并深入研究肝癌的早期诊断和治疗。他的这些努力显著提升了临床确诊率至90%以上，为肝癌的早期发现和治疗做出了重大贡献。

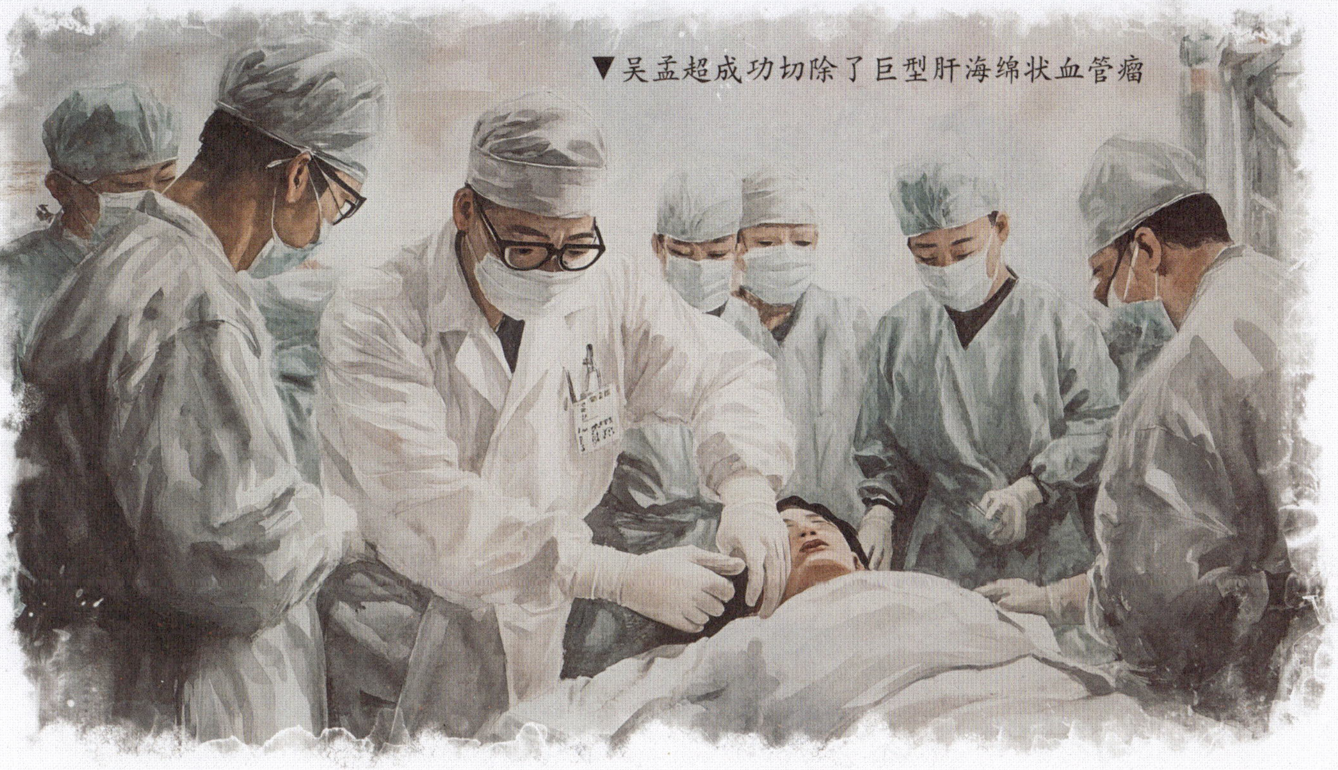

▼吴孟超成功切除了巨型肝海绵状血管瘤

进入20世纪80年代，吴孟超先后建立了常温下无血切肝术、肝癌复发再切除和肝癌二期手术技术，显著提高了肝癌患者的生存率。1983年，吴孟超为一名4个月大的女婴成功切除了重达600克的肝母细胞瘤，引起全世界的震惊。到了80年代中期，吴孟超及其团队继续努力，研发出包括甲胎蛋白异质体在内的多种肝癌标记物，将肝癌的早期诊断率提高至98%以上，为肝癌的早期诊断提供了更为精确的手段。

对自己抠门，对医院大方

麻醉科专家俞卫锋教授曾提到，吴孟超对自己很“抠门”，一年四季都是军装，只穿过一套西服，还在国际会议上才穿。他的一件白色背心穿了很久，从白色到黄色再到半透明色，开始破洞后洞越来越多、越来越大，但他一直穿着。然而，为了医院的发展，他会不遗余力。2006年，他获得国家最高科学技术奖和500万元奖金，中国人民解放军总后勤部（2016年改编为中央军委后勤保障部）也奖励他100万元。他把奖金500万元用于培养科技人才，100万元用于奖励有重大贡献的医护人员，自己一分没留。

姚桐斌：中国航天材料奠基人

姚桐斌（1922—1968）是中国航天材料专家、火箭材料及工艺技术专家，“两弹一星”功勋奖章获得者。他在航天材料的研究与开发方面取得了众多开创性成果，为中国火箭及导弹技术的材料基础提供了坚实保障。他所建立的材料研究体系和理论基础，使得中国航天材料从无到有，从落后走向先进，推动中国航天事业在关键技术领域实现了重大突破，帮助中国在国际航天舞台上赢得了一席之地。

风雨求学路

1922年9月3日，姚桐斌出生于江苏无锡一个贫寒家庭。童年时期，姚桐斌的生活充满艰辛。小学毕业后，他考入无锡中学，成为村里第一名中学生，这本是值得骄傲的事，可家庭经济的压力却让他不得不辍学两年。在这两年里，他摆地摊、打零工，稚嫩的肩膀扛起了生活的重担，但只要一有机会，他就会拿起书本学习。

“处处都靠自己挣扎奋斗”

少年时起，姚桐斌就靠勤工俭学、奖学金资助的形式来艰难求学。姚桐斌曾回忆道：“由于我在求学阶段无法依靠家庭，处处都靠自己挣扎奋斗，这就养成了我独立的性格，养成了我坚强的自信心和克服一切困难的能力。”

1938年，姚桐斌独自前往上海求学。后来他成功考取了江西吉安青原山国立13中。1941年，他以江西省个人总分第一名的成绩高中毕业，获得了“林森主席奖学金”，之后就读于交通大学唐山工学院矿冶系。1945年8月，他以全班第一的总评成绩毕业。

1946年，姚桐斌考取公费留学资格。1947年10月，他来到英国伯明翰大学工业冶金系攻读研究生。他师从国际铸造学会副主席、伯明翰大学终身教授弗·康德西博士，全身心地投入科研中。1952年，他在英国伦敦帝国科技学院任实习指导员，并继续深造。

▼姚桐斌在英国伦敦帝国科技学院任实习指导员

在海外期间，姚桐斌不仅专注于学术研究，还积极参与社会活动。1949年，他加入中国科学工作者协会英国分会并担任常委，后来又在“中国留英学生总会”担任重要职务，积极为在英留学生服务，组织各种活动，增强大家的凝聚力和爱国情怀。

第一代航天材料研究的领路人

1957年，怀着对祖国深深的眷恋和为祖国航天事业贡献力量的强烈愿望，姚桐斌回到了中国。1958年，他来到刚成立的国防部第五研究院航天材料研究组，担任研究员，并负责筹建研究所。1960年，航天材料研究所（703所）扩建成立，姚桐斌出任所长。在他的领导下，研究所逐渐发展壮大，成为中国航天材料研究的重要基地。

▼姚桐斌担任材料与工艺研究所所长

1962年，姚桐斌继续积极推动科研工作。他主持召开全国高温涂层会议，促进了高温涂层技术的交流与发展。他还参加了全国科学技术会议，并在会后撰写了《研究工作方法》，受到钱学森的赞赏，这篇文章被推荐发表在院刊《研究与学习》上，为科研人员提供了宝贵的工作思路和方法。

1963年，姚桐斌积极促成全国范围内的研究协作，主持召开防热材料规划会议，使得全国的科研力量能够更加有效地集中起来，攻克航天材料领域的难题。这一年，他还率领代表团赴芬兰赫尔辛基参加国际焊接学会会议，这是新中国成立后第一次派代表列席国际焊接学会会议，他在国际舞台上展示了中国航天材料研究的实力和水平，为中国航天科研在国际上赢得了尊重。

1978年3月，姚桐斌被追认为革命烈士；1985年获国家科学技术进步特等奖；1999年被追授“两弹一星”功勋奖章。

陈能宽：自称“乡下人”的科学家

陈能宽（1923—2016）是中国金属物理学家、核武器科学和技术专家，“两弹一星”功勋奖章获得者。他在原子弹、氢弹等核武器的研制过程中，攻克了一系列关键技术难题，确保了中国在国际核战略格局中拥有重要的地位，极大地提升了中国的国防实力和国际影响力。

成为金属物理领域的先驱

1923年4月28日，陈能宽出生于湖南慈利一个士绅家庭。1939年，陈能宽考入雅礼中学。陈能宽对数理化感兴趣，尤其是他的化学成绩非常好。同学请他辅导时，他都会认真地给予帮助，同学们称他为“化学尖子”。

1942年，陈能宽高中毕业后，被保送到交通大学唐山工程学院矿冶工程系学习。1947年，他赴美国耶鲁大学留学，仅用一年时间便获得物理冶金学硕士学位，1950年获得耶鲁大学物理冶金学的博士学位。毕业后，他先后在约翰·霍普金斯大学和西屋电器公司任职。在美期间，陈能宽与他人合作发表的《金属晶体中滑移线传播的微观电影显示》被公认为是金属物理学研究中的一个创举，得到了国际冶金学界同行的广泛认可。这篇文章奠定了陈能宽在金属物理领域的先驱地位。1955年，陈能宽夫妇冲破重重阻力，绕道多地，回到祖国。

▼陈能宽夫妇冲破重重阻力回到祖国

“两弹”背后的卓越贡献者

1960年6月6日，陈能宽调到中华人民共和国第二机械工业部北京第九研究所，担任爆轰物理研究室主任，全身心投入原子弹的研究。他率领科研人员，经过两年多、几千次试验后，终于“摸清了炸药的脾气”，成功制造出了第一颗原子弹所需的起爆元件。

▲陈能宽带领科研人员投入原子弹研究

1963年，陈能宽被任命为实验部主任和“冷试验”技术委员会副主任，负责爆轰物理、高压物理、中子物理、炸药部件和核材料部件研制等任务。同年12月，在陈能宽的带领下，缩比冷实验爆炸成功，综合验证了原子弹理论设计，从试验角度认识了从引爆到出中子的聚合爆轰物理全过程。

1964年2月，陈能宽担任中华人民共和国第二机械工业部核武器研究院副院长。同年6月，他进行了全尺寸爆轰模拟试验，成功解决了核试验前一系列内爆物理学与相关的材料与工程问题，为中国首次核试验铺平了道路。

在氢弹研制过程中，陈能宽也发挥了关键作用。他参与组织并参加了聚合爆轰波人工热核反应研究以及核装置球面同步起爆的方案制定和研究。

自称“乡下人”

陈能宽不仅在科研领域取得了卓越的成就，还一直保持着谦虚和低调的态度。他曾在《中国为什么下决心搞原子弹》中写道：“我生长在湖南西部山区，实在是个乡下人。说乡下人，我不是骄傲，也不是自贬，而只是提醒自己：乡下人照例有根深蒂固的乡巴佬的性情。保守，对一切事照例十分认真，这认真处有时就不免成为‘傻头傻脑’。我记得，我们湘西文学家沈从文早就说过这样的话。”

邓稼先：两弹元勋

邓稼先（1924—1986）是中国核物理学家，他将一生都投入中国原子弹和氢弹的研制工作中，以其卓越的智慧、无畏的勇气和无私的奉献，为中国的核武器事业立下了不朽功勋。他让中国在世界舞台上挺直了脊梁，打破了超级大国的核垄断和核威胁，为国家的安全和发展铸就了坚不可摧的核盾牌。他是当之无愧的“两弹元勋”，1999年被追授“两弹一星”功勋奖章。

“娃娃博士”

1924年6月25日，邓稼先出生于安徽怀宁一个书香门第。邓稼先从小就受到良好的教育，5岁时，便跟着父亲在北平（今北京）读小学，后进入北平崇德中学。邓稼先除了要学习学校的课程外，还要读四书五经，每天背诵古诗词，之后又开始学习英文，专攻数学。这为他打下了坚实的文化基础。

1935年，邓稼先考入志成中学。1937年北平沦陷后，他曾秘密参加抗日聚会。当时，日军强迫青年学生游行庆祝，14岁的邓稼先愤然将日本旗帜踩在脚下，表现出了强烈的爱国情怀。为避免遭受迫害，1940年春夏之交，父亲安排他跟随年长10岁的大姐辗转数月抵达云南昆明。随后，他又被安排前往四川江津，在国立第九中学念完高中。

▲邓稼先5岁时读小学

名字的寓意

邓稼先的父亲邓以蛰是著名的美学家和艺术理论家。邓以蛰给儿子起名“稼先”，其寓意深刻。在《说文解字》中：“禾之秀实为稼，茎节为禾。”因此，邓以蛰给儿子起这个名字是希望他根植于中华大地，并且早早地秀实和成熟，造福民众。

1941年夏，邓稼先从国立第九中学毕业，考入西南联合大学物理系。在这里，他师从吴有训、周培源、叶企孙、吴大猷等多位知名物理学家，受到了一流的学术培养。当时处于抗战最为艰难的时期，昆明城空袭不断，跑警报成了师生们的家常便饭，但西南联合大学师生仍然坚持教书救国、读书报国，为抗战建国积蓄复兴力量。大学毕业后，邓稼先在昆明文正中学和培文中学各任教三个月，然后随西南联合大学迁回北京，并受聘担任北京大学物理系助教，此时的他还积极参与着北方学生的民主运动。

▼邓稼先担任北京大学物理系助教

1947年，邓稼先通过了赴美研究生考试。1948年秋，他进入美国普渡大学研究生院攻读物理学博士学位。留学期间，他学习成绩突出，不足两年便读满学分，并且仅用了23个月就完成了题为《氘核的光致蜕变》的博士论文，于1950年8月获得博士学位，此时的邓稼先年仅26岁，因此被称作“娃娃博士”。此外，邓稼先还积极参加中国进步留学生团体“留美中国科学工作者协会”普渡大学分会的活动，密切关注着中国的情况。获得博士学位后的第九天，邓稼先便毅然决定回到当时还一穷二白的中国，他渴望用自己的知识为祖国的建设贡献力量。

▼邓稼先年仅26岁获得博士学位

铸就中国核盾牌

1950年，回国后邓稼先投身于中国科学院近代物理研究所的工作，全身心投入到原子核理论的研究中。当时，中国的核事业几乎是一片空白，但邓稼先凭借着扎实的学术功底和坚定的信念，积极参与科研团队的组建和研究工作的规划，为中国核事业的起步贡献自己的力量。

1958年，钱三强确定邓稼先为中国原子弹理论设计总负责人的最佳人选。邓稼先深知这项任务的艰巨性和重要性，他对妻子许鹿希说：“我的生命从此就献给未来的工作了，做好了这件事，生命就有意义，就是为它死了也值得。”随后，他便隐姓埋名28年，投身到核武器的研制工作中。

当时，邓稼先带领平均年龄仅23岁的年轻队伍，白手起家，自力更生探索原子弹原理。经过艰苦繁复的计算和分析，他带领团队逐步深入原子弹爆炸物理过程，破解其中规律，为1964年中国第一颗原子弹爆炸成功做出了关键贡献。之后，邓稼先又组织制定氢弹研制的纲领性文件，同科研人员攻关突破氢弹的理论方案，为中国1967年成功爆炸第一颗氢弹贡献力量。为了成功研制核武器，中国在当时先后进行了45次核试验，邓稼先就参加过32次，其中有15次由他亲自现场指挥。

1979年，在一次核试验中出现了意外情况，原子弹降落伞没有打开，核弹直接从高空坠落地面，没有爆炸。邓稼先心急如焚，为了获取第一手数据，尽快查明事故原

▼邓稼先带领年轻队伍自力更生探索原子弹原理

因，他不顾众人阻拦，亲自奔赴事故现场。在现场，他捡起了核弹碎片，仔细检查。这些碎片带有强烈的放射性，他的身体受到了严重的核辐射。

▼邓稼先仔细检查核弹碎片

1985年，邓稼先被确诊为直肠癌。住院期间，他做了3次手术，每天都疼痛不止，止痛针从每天一针发展到一小时一针，全身还出现大面积溶血性出血。但他在病重期间仍念念不忘中国的核事业，经常与来探望的同事讨论工作，病床上也常常摆放着专业书籍。1986年7月29日，邓稼先因癌症末期失血去世。临终前，他留下的最后一句话是："不要让人家把我们落得太远……"

◀邓稼先一生心系中国的核事业

郑哲敏：中国爆炸力学之父

郑哲敏（1924—2021）是中国物理学家、力学家、爆炸力学专家，是中国爆炸力学的奠基人和开拓者之一，也是中国力学学科建设与发展的组织者和领导者之一，被誉为“中国爆炸力学之父”。他不仅在爆炸力学领域取得了卓越成就，而且对中国力学学科的建设与发展产生了深远影响。他提出的流体弹塑性体模型和理论，解决了众多工程的实际问题，为中国的国防建设和经济发展做出了巨大贡献。

做国家需要的事

1924年10月2日，郑哲敏出生于山东济南。他的父亲郑章斐虽出身农村且念书不多，但凭借自身努力成为知名钟表品牌“亨得利”的合伙人。虽然郑章斐经商成功，但在郑哲敏8岁时，就告诫儿子要好好读书，不要经商。

郑哲敏少年时心脏不好，又处在动荡的年代，学业因生病或战乱中断，但郑章斐重视教育，为郑哲敏专门请了家庭教师补课，还带郑哲敏到全国各地旅游，开阔眼界。会讲一口流利英语的郑章斐还会抽空带着郑哲敏大声朗读英语，这对郑哲敏后来使用原版英文书自学数学、物理等课程大有裨益。

▼年少的郑哲敏学习英语

学习英语也不易

郑哲敏很聪慧，还有擅长英语的父亲教他，可郑哲敏在学习英语的时候也遇到了困难。由于有舌系带过长的问题，他把字母“S”的发音全都念错了。高中时英语老师在黑板上写下了“thing”和“sing”这两个单词，他在此后的一年多时间里，每天嘴里都反反复复念叨这两个单词，不断摸索发音时舌头的位置。最终，郑哲敏把发音练得非常好。

1943年，郑哲敏以优异成绩考入西南联合大学。在西南联合大学，他见到了梅贻琦、沈从文、闻一多等著名教授，在良好的校园环境熏陶下，他渐渐形成了“学术上要有追求，做人要有追求”的思想。1946年，在物理学家钱伟长的课堂上，他首次接触到弹性力学、流体力学等近代力学理论，产生了极大兴趣。之后，经钱伟长等人的推荐，他前往美国加州理工学院留学，跟随钱学森攻读博士。

1952年，取得博士学位后，郑哲敏便准备回国参加新中国的建设，但遭到美国政府多方阻挠。1955年，中美达成协议，他才得以与一批爱国科学家回国。在郑哲敏回国之前，钱学森对他说：“回国后，国家需要你干什么，你就干什么。”这句话被郑哲敏牢记在心。

▼郑哲敏历时几个月辗转回到祖国

“没有想过不回来”

郑哲敏晚年时，有人问他当初为什么要回国，他回答道：“没有想过不回来。这是长在骨子里的东西。虽然美国物质生活很好，但感觉像浮萍，没有根。”

建设新中国的爆炸力学

当郑哲敏回国几个月后，钱学森也突破美方阻挠回国了。郑哲敏便与钱学森一起创建了中国科学院力学研究所。1956年，力学所组建不久，郑哲敏担任力学研究所弹性力学组组长，开展水坝抗震研究。1958年，他又领导了大型水轮机的方案论证。1960年，钱学森预见到爆炸力学这门新学科的诞生，并在中国科技大学开设相关专业，由郑哲敏负责课程设计等工作。

20世纪60年代初，郑哲敏着手研究爆炸成形的理论和应用问题。经过3年努力，他阐明了爆炸成形的主要规律，并和工业部门合作，生产出了技术含量很高的导弹零部件，使爆炸成形成为新工艺，为“两弹一星”做出重要贡献。同时，他还指导另一研究组开展爆破技术研究，这让力学和工程技术之间建立了联系。1964年，郑哲敏接受并完成了地下核试验的预研任务。1965年，他与中国力学研究专家解伯民提出了一种全新的力学模型，即流体弹塑性体模型，为中国首次地下核爆当量预报做出贡献。

爆炸力学

爆炸力学主要研究爆炸过程中的力学效应，在国际上作为一门独立的学科，是在第二次世界大战期间和战后时期逐渐形成的。在中国，爆炸力学的诞生和发展与郑哲敏密不可分。郑哲敏在这一领域的研究具有开创性，他不仅解决了许多爆炸力学中的基本理论问题，还推动了这一学科的快速发展。

▼郑哲敏与同事探讨爆破技术研究问题

▼郑哲敏在力学所领导组建了“非线性连续介质开放研究实验室”

20世纪70年代初，为了改变中国常规武器落后的状况，郑哲敏毅然组织力量开展穿破甲机理的研究。经过10年的艰苦努力，他们先后解决了穿甲和破甲相似律、破甲机理、穿甲简化理论和射流稳定性等一系列复杂的问题。

20世纪80年代初开始，郑哲敏又相继组织科研人员进行了气相燃烧和爆炸、粉尘燃烧和爆炸、煤与瓦斯突出、森林火灾的发生和防治等方面的研究。1988年6月，郑哲敏在力学所领导组建了“非线性连续介质开放研究实验室”。他组织研究工作，努力营造良好的学术氛围。

从广泛阅读到多领域学术建树

在搞科研之外，郑哲敏会广泛阅读书籍，他偏爱史学、哲学等，也会较为集中地阅读自然哲学、欧洲史、科学史等与科学相关领域的书籍。由于不停地阅读和学习，郑哲敏写过很多文章，而这些文章内容涉及的范围之广，令人惊叹。比如，作为郑哲敏学术报告会的文集《应用力学进展》中，郑哲敏所写的文章内容覆盖了爆炸力学、岩土力学、冲击动力学、材料力学性能、生物力学、物理力学、海洋工程力学、环境流体力学、计算力学、微尺度力学、非线性流体动力学等应用力学的多个领域。

朱光亚：中国科技“众帅之帅”

朱光亚（1924—2011）是中国核科学事业的主要开拓者之一。他是中国原子弹、氢弹科技攻关组织领导者之一，参与了中国原子弹和氢弹的试验和研制，并在核电站筹建、核燃料生产以及放射性同位素应用等项目的研究开发中发挥了重要作用。他是“两弹一星”功勋奖章获得者，被誉为“中国科技众帅之帅”，这一称号是对他卓越成就和非凡影响力的生动诠释。

颠沛流离的求学之路

1924年12月25日，朱光亚出生于湖北宜昌一个普通家庭。朱光亚读小学和中学时，正值国难当头、天灾人祸不断的岁月。1931年，朱光亚读小学三年级时，长江发大水，家里住房被淹。1938年，日军准备攻占汉口，为了躲避战乱且不荒废学业，父亲决定将朱光亚和两个哥哥送到重庆继续读书。三兄弟挤在闷热的船舱，经过三天航行才到达朝天门码头。

▼朱光亚三兄弟到达朝天门码头

在重庆，朱光亚先是在合川崇敬中学高中部就读，这个班级因部分学生学籍问题突然解散。尽管求学之路异常艰辛，但他始终坚持学习，没有放弃对知识的追求。1940年，朱光亚进入沙坪坝的南开中学。重庆作为战时首都，常遭到日军飞机滋扰，朱光亚和同学们一听到警报声，会披着自制的“防空网”跑到田野深处躲藏起来。

1941年，朱光亚以优异的成绩考入国立中央大学物理系，后转至西南联合大学，师从周培源、赵忠尧等名师。1945年，他从西南联合大学物理系毕业，留校担任见习助教。第二年，朱光亚跟随物理学家吴大猷赴美学习原子弹研制技术。之后，他在美国密歇根大学安娜堡分校学习核物理专业。在校期间，他的成绩一直名列前茅，连续四年获得奖学金，并在世界级的物理期刊上发表了多篇论文。其间，他还担任中国留学生学生会主席、留美中国学生中西部地区科协分会的会长等职，密切关注国内形势发展变化，经常组织同学们进行爱国进步活动。

▼青年时代的朱光亚

1949年，朱光亚获得博士学位。同年，中华人民共和国成立。朱光亚得知这个消息后，于1950年，放弃了美国优越的科研条件和舒适的生活，毅然决然地启程奔向刚建立的新中国。

“祖国的建设需要我们！”

朱光亚在美期间，与同学组织成立了留美中国科学工作者协会，通过召开座谈会，编写《赶快回国歌》。在归国之前，他牵头组织起草了《给留美同学的一封公开信》，信中他号召大家为新中国的发展建设事业做贡献。这封信被送到美国各地的中国留学生手中传阅、讨论以及联合署名，到第二年2月下旬，有53名留学生签下名字，并决定回国，报效祖国。不久，朱光亚拒绝美国经济合作署的救济金资助，登上“克利夫兰总统号”邮轮，踏上回国路。

为中国核事业披荆斩棘

1957年，朱光亚被秘密调入核工业部原子能所，担任核武器研究院副院长，开始投身于神秘而伟大的核武器研制工作。1959年起，朱光亚把所有的精力都放在了核武器研制的工作中。他曾说：“我这一辈子主要做的就一件事——搞中国的核武器。”此后，他隐姓埋名数十年，与王淦昌、彭桓武、郭永怀等科学家一起，在高原、深山、沙漠等艰苦环境中，寻找攻克核武器技术难关的方法。

▼朱光亚等科学家在艰苦环境中寻找攻克核武器技术难关的方法

20世纪60年代，中国核武器研制进入关键时期。1962年，朱光亚主持起草了《原子弹装置科研、设计、制造与试验计划纲要及必须解决的关键问题》，这份文件为完成第一个原子弹装置的研制起到重要作用。之后，他又主持起草了《原子弹装置国家试验项目与准备工作的初步建议与原子弹装置塔上爆炸试验大纲》，提出了核爆炸试验分“两步走”的科学计划，为中国核武器研制工作绘制了清晰而可行的蓝图。

1963年3月，朱光亚参与组织确定了中国第一颗原子弹理论设计方案。1966年，中国第一颗装有核弹头的地地导弹飞行爆炸成功。1967年6月，中国第一颗氢弹爆炸成功。这期间，朱光亚提出了一系列创新性的理论和设计方案，协调各方力量攻克了一个又一个技术难题，再次展现了他卓越的科研能力和领导才华。20世纪70～80年代，朱光亚主管核武器、核材料、核动力的科学研究和发展工作，参与和领导了多次重大国防科研项目。他积极推动洲际导弹、潜地导弹等先进武器装备的研制工作：1980年5月，洲际导弹试验成功；1982年10月，潜地导弹发射成功；1988年9月，中子弹在罗布泊试验场成功爆炸……中国的核武器技术一次次取得重大突破。

1971年，朱光亚受托参与组织领导中国第一座核电站——秦山核电站的筹建工作。他亲自参与领导了核电站的踏勘选址，亲赴浙江、江苏、上海多个选点考察，最终于1982年选定了浙江省海盐县的秦山厂址。1991年12月核电站首次并网发电成功，实现了中国核电技术的重大突破，结束了中国大陆无核电的历史。

▲朱光亚参与组织领导筹建秦山核电站

唯一一次醉酒

1964年10月16日，这是一个被载入史册的日子，中国第一颗原子弹在罗布泊成功爆炸。庆祝这一重大科技突破和国防成就的庆功宴在当晚举行。在这次庆功宴上，朱光亚作为原子弹研制的技术总负责人，情绪激动，难以自已。据他的儿子朱明远回忆，朱光亚在那天晚上喝醉了，这是他一生中唯一一次醉酒。

顾方舟：中国脊髓灰质炎疫苗之父

顾方舟（1926—2019）是中国著名的医学科学家、病毒学家、医学教育家。他在中国首次分离出脊髓灰质炎病毒，成功研制出首批脊髓灰质炎活疫苗和脊髓灰质炎糖丸疫苗，为中国消灭脊髓灰质炎做出巨大贡献，被誉为“中国脊髓灰质炎疫苗之父”，也被孩子们亲切地称为“糖丸爷爷”。

与脊髓灰质炎的初次对决

1926年6月16日，顾方舟出生在上海。父亲在顾方舟4岁时不幸去世，母亲为了养家糊口辞去教师职业，赴杭州学习现代助产技术，顾方舟则交由外婆照顾。

1944年，顾方舟考入北京大学医学院，并于1951年赴苏联医学科学院病毒学研究所留学。4年后，他以优异论文《日本脑炎的发病机理和免疫机理》获医学副博士学位，学成归国。

1955年，江苏南通爆发大规模脊髓灰质炎（小儿麻痹症）疫情，引起了全国的关注。1957年，31岁的顾方舟临危受命，带领研究小组开始进行脊髓灰质炎疫苗的研制工作。20世纪50年代后期，顾方舟从患者粪便中分离出了脊髓灰质炎病毒并成功定型，为免疫方案的制定提供了科学依据。当时，国际上有两种疫苗研发方向：一种是死疫苗，安全性高，但成本昂贵且免疫效果持续时间短；另一种是活疫苗，成本低且免疫效果好，但安全性存在一定风险。顾方舟经过深思熟虑，结合国情认定中国只能走活疫苗路线。

◀顾方舟成功分离出脊髓灰质炎病毒

一颗“糖丸”的诞生

研制疫苗时，顾方舟和同事们都毫不犹豫地“以身试药”。顾方舟喝下了一小瓶疫苗溶液，一周过后，生命体征平稳，没有出现任何异常。但成人大多对脊髓灰质炎病毒有免疫力，必须证明疫苗对小孩也安全才行。顾方舟便瞒着妻子，给刚满月的儿子喂下了疫苗。实验室一些研究人员也让自己的孩子参加了试验。一个月后，孩子们生命体征正常，这一期的临床试验顺利通过。

1960年底，首批500万人份疫苗在全国11个城市推广，疫情得到了一定的控制。但顾方舟意识到疫苗呈液态，运输及保存多有不便，且味道非常苦，能否有效服用也是个问题。经过反复探索实验，他成功研制出了糖丸疫苗。糖丸疫苗是液体疫苗的升级版，在保存了活疫苗效力的前提下，大大延长了保存期，也更便于儿童服用。

顾方舟带领团队于1975年开始进行三价混合型糖丸疫苗的研制工作，并于1985年成功生产出三价糖丸疫苗。此后，他一直致力于疫苗的推广和普及工作，制定了详细周密的免疫策略，让全中国的适龄儿童服用疫苗，建立起免疫的屏障。他一生致力于研究脊髓灰质炎的预防及控制，成功研制出首批脊髓灰质炎活疫苗和脊髓灰质炎糖丸活疫苗，使数十万儿童免于致残。

“我一生只做了一件事”

顾方舟一生致力于保护儿童免受脊髓灰质炎的侵害，他把自己的科研事业与孩子们的健康紧密联系在一起。他曾说：“我一生只做了一件事，就是做了一颗小小的糖丸。”2019年1月，在他生命最后时刻，他留下遗言：“我一生做了一件事，值得，值得。孩子们快快长大，报效祖国。”

于敏：中国氢弹之父 

于敏（1926—2019）是中国核物理学家、“两弹一星”功勋奖章获得者。他在氢弹研制过程中发挥了关键作用，使中国第一颗氢弹的研制工作较快地找到了方向，第二代、第三代核武器的研制在技术路线上也几乎没有走过弯路，仅用40余次核试验就达到了国际先进水平。他隐姓埋名近30年，其故事和成就激励无数后人为建设祖国而奋斗。

立志报国的少年

1926年8月16日，于敏出生在河北宁河（今属天津）一个贫寒家庭。他的父亲是一名小职员，微薄的收入是全家人主要的经济来源。尽管家境贫寒，但父母还是设法让他读书，7岁时于敏开始在芦台镇上小学，中学时期先后就读于天津木斋中学、耀华中学。这时，中国正值军阀混战和抗日战争，于敏目睹侵略者的暴行后，下定决心：一定要刻苦学习，日后用自己所掌握的知识来拯救祖国。

▼于敏刻苦学习，立志科学报国

1944年，于敏考入北京大学机电系。1945年，世界第一颗原子弹爆炸，于敏大为震撼，同时也为积贫积弱的祖国感到忧心。之后，为了实现自己的救国梦想，他从工学院转到理学院物理系，将专业方向定为理论物理。1949年，他以北京大学物理系第一名的成绩毕业，并考取了北京大学理学院院长、著名物理学家张宗燧的研究生。提起于敏，张宗燧连连称赞："我教学了一辈子，从未见过于敏这么好的学生！"

▼于敏考取张宗燧的研究生

1951年，于敏毕业后，被调入新中国第一个核科学技术研究基地——中国科学院近代物理研究所工作。于敏从研究量子场论转行研究原子核。于敏在研究所期间，开展了开创性的研究工作，与同事共同提出原子核相干结构模型，填补了中国原子核理论的空白。1959年，于敏还与杨立铭教授合作编写了中国第一部原子核理论方面的专著——《原子核理论讲义》。

▼于敏在中国科学院近代物理研究所进行科研工作

"国产土专家1号"

1957年，日本理论物理学家朝永振一郎来华访问时，非常认可于敏的才华，称其为中国的"国产土专家1号"。于敏虽然没有海外留学经历，但他依然凭借自身努力成为国内顶尖专家。

“百日会战”

1961年，时任第二机械工业部副部长的钱三强找到于敏，他告诉于敏，国家决定成立一个科研小组，负责组织开展氢弹理论的预先研究。于敏毅然决定担任轻核理论组副组长，开始了他与氢弹的不解之缘。于敏在回忆文章中写道：“这次变化，改变、决定了我的一生。”从此，他开始隐姓埋名，长年奔波在外。

▼于敏负责组织开展氢弹理论的预先研究

1965年，于敏带领团队在上海华东计算技术研究所进行了为期百日的高强度计算物理研究，模拟计算几种氢弹方案的可行性。其间，他和团队成员利用有限的计算机资源，依靠算盘、计算尺等原始工具，最终突破了氢弹的理论技术，创造了可使氢弹体积更小、重量更轻，同时保持强大爆炸威力的独特技术方案——“于敏构型”。

▼于敏进行高强度计算

1967年6月17日，中国第一颗氢弹空投爆炸试验圆满成功。从第一颗原子弹爆炸到研制成功第一颗氢弹，美国用了近7年，苏联用了近6年，英国用了4年多，而中国只用了2年8个月。这一速度远快于其他国家，展现了“中国速度”。这离不开“于敏构型”方案的指导，并且这套方案使氢弹设计得更适合实战，让中国氢弹从一开始就接近甚至基本完成了小型化应用。

“隐语”电话

在氢弹研制的关键时期，于敏在上海进行紧张的计算工作，而邓稼先在北京攻关。当时，于敏通过电话向邓稼先报告一个重大的科研进展，为了保密，他巧妙地使用了隐语与邓稼先通话。

于敏：“我们几个人去打了一次猎，打上了一只松鼠。”（发现有效氢弹构型！）

邓稼先：“你们美美地吃上了一顿野味？”（你确定？）

于敏：“不，现在还不能把他煮熟，要留作标本，我们有新奇的发现……”（基本确定，但是要进一步研究！）

邓稼先：“好，我立即赶到你那里去。”

1969年，于敏带领团队踏上了核武器研究的新征程。他把关确定了一系列国家核试验装置理论设计方案，在中子弹、核武器小型化、惯性约束核聚变、X光激光等领域都做出了关键性、开拓性的贡献。

◀于敏带领团队踏上核武器研究的新征程

周光召：中国科技领军人

周光召（1929—2024）是享誉国际的理论物理学家，是“两弹一星”功勋奖章获得者和国家科技领导者。他是理论物理领域的巨擘，在基本粒子物理方面的研究成果对国际科学界产生了深远影响，让国际同行对中国科学家的理论水平刮目相看。在核武器研制这一关乎国家命运的伟大事业中，他更是发挥了不可替代的作用。

享誉世界的学术成就

1929年5月15日，周光召出生于湖南长沙的一个知识分子家庭。1942年，周光召就读于重庆南开中学。在这里，周光召一共学习了5年，数学老师唐秀颖对他的帮助极大，影响也最深，点燃了他对数学的热情。

1946年，周光召从湖南考入清华大学先修班，并于1947年保送到物理系读本科。就读期间，他深受物理学家叶企孙、王竹溪的影响。1951年，周光召以优异的成绩毕业，并考入清华大学物理系研究生院，师从彭桓武，从事基本粒子物理研究。1952年9月，因全国教育系统院系调整，他进入北京大学研究生院进行基本粒子物理研究。从1954年8月开始，周光召任北京大学物理系助教、讲师，开始了他的教育生涯，同时也在科研道路上不断前进。

▼周光召任北京大学物理系助教、讲师

1957年1月，年仅28岁的周光召被国家选派到苏联杜布纳联合核子研究所从事基本粒子物理研究。当时，这里的设备和科研力量都居世界领先水平。在这里，周光召经常与来自苏联、越南、朝鲜以及东欧等国家和地区的核物理学家一起进行学术讨论。

▼周光召被国家选派到苏联

周光召在杜布纳期间，研究成果颇丰，他在国际著名学术刊物先后发表30多篇论文，这些论文几乎都是由他独立完成或者由他主笔写成的。周光召因此两次获得杜布纳联合核子研究所的科研奖金。其间，他的论文《关于赝矢量流和重子与介子的轻子衰变》，论证了赝矢量流部分守恒定理，他本人因此成为世界物理学界公认的赝矢量流部分守恒定理的奠基人之一。一系列的成就让周光召声名远扬，享誉国际科学界。

此外，周光召用自己的学术成果和影响力，搭建了中国科学家与国际同行交流的桥梁，为中国科学家在国际舞台上赢得了更多的关注和尊重，也提升了中国物理学在国际上的地位和影响力。

公开叫板苏联权威

1958年，在杜布纳的一次学术会议上，29岁的周光召对一位苏联权威教授的粒子自旋成果提出异议。会后，他经过3个月的潜心研究，证明了自己的学术观点，并先后发表了《极化粒子反应的相对论性理论》和《静质量为零的极化粒子的反应》两篇论文，提出了世界高能物理领域著名的“相对论性粒子螺旋态”理论。不久，美国科学家也得出相似的结果。当时，有位外国科学家说：“假如周光召将来得诺贝尔奖，我不会感到惊讶。”

参与研制“两弹”

1961年2月，周光召回国任教于北京大学物理系。同年5月调入第二机械工业部北京第九研究所，和彭桓武、邓稼先等一批科学家一起参加原子弹、氢弹的理论研究。他也从此开始了十多年隐姓埋名的生活。

1962年底，周光召与邓稼先共同完成了中国第一颗原子弹的理论设计方案。在原子弹的设计过程中，由于苏联提供的资料存在错误，引起了一场激烈的争论。周光召利用物理学的基本定律“最大功”原理进行了论证，说服了所有在座的专家，结束了这场争论，推动了原子弹设计的继续进行。1964年10月16日，中国的第一颗原子弹爆炸成功。诺贝尔物理学奖获得者杨振宁后来说道：“光召兄的回来，使得中国1964年爆第一颗原子弹（比预想中）早了一两年。”

一粒“定心丸”

1964年10月15日，在原子弹试爆前夜，检查人员突然发现一种材料中的杂质超过了原来的设计要求。周光召立即与小组成员连夜组织运算。直至16日上午，周光召将一份计算报告呈送到周恩来总理面前：“经计算，我国第一颗原子弹爆炸试验的失败率小于万分之一。”这份报告相当于原子弹爆炸前的一粒“定心丸”。当日下午3时，原子弹成功爆炸。

20世纪70年代，周光召作为核武器研究工作的重要领导者，领导完成了装备部队的第一代核武器的理论设计工作，为中国掌握中子弹和核武器小型化设计技术、完成核武器从第一代向第二代的过渡奠定了重要基础。

▼北京第九研究所

神秘的“九所”

1958年，北京第九研究所在北京西郊开始动工，它是中国的核武器研制生产单位。1964年该单位更名为第二机械工业部第九研究设计院，1968年被授予军队番号中国人民解放军第九研究院，1973年使用第二机械工业部第九研究院名称，1982年更名为核工业部第九研究院，1985年对外使用中国工程物理研究院之名。于敏、王淦昌、邓稼先、朱光亚、陈能宽、周光召、郭永怀、程开甲、彭桓武等都曾在这里工作，为铸国之重器做出了重大贡献。

1983年7月，周光召任中国科学院理论物理研究所所长，在此期间，他领导一批中青年理论物理学家，在量子物理、统计物理、凝聚态物理等专业领域取得了许多成果。1987年1月～1997年7月，周光召任中国科学院院长、党组书记。他领导建成了中国第一座高能加速器——北京正负电子对撞机，使中国在国际高能物理领域占领一席之地，显著提升了中国在高科技领域的国际地位。

▼北京正负电子对撞机上的大型通用磁谱仪——北京谱仪Ⅲ

1991年，周光召先后兼任中国科学技术协会副主席、主席，2006年任名誉主席。他致力于推动科技普及和人才培养，加强科技社团建设，促进国内外学术交流，还推动设立了“求是杰出青年奖”、周光召基金会杰出青年奖等奖项，激励和表彰了优秀青年科技人才。

袁隆平：杂交水稻之父

袁隆平（1930—2021）是中国杂交水稻育种专家，中国工程院院士，被誉为“杂交水稻之父”。袁隆平的一生致力于杂交水稻的研究与推广，他的研究成果不仅解决了中国乃至世界的粮食安全问题，更为农业科技的发展树立了一座丰碑。

“不让老百姓挨饿”

1930年9月7日，袁隆平出生于北平（今北京）。在那个动荡的年代，为躲避战乱，全家人只能被迫四处辗转。在成长的过程中，袁隆平对大自然表现出了浓厚的兴趣。他喜欢在田野间玩耍，观察各种动植物的生长。1949年，袁隆平考入西南农学院农学系作物遗传育种专业。

▼小时候的袁隆平对大自然有着浓厚的兴趣

1953年，袁隆平从西南农学院毕业，被分配到偏远的湖南省安江农业学校任教。在那里，袁隆平与稻田结下了不解之缘。后来，他经历了三年自然灾害，从那时起，他便立志“要解决粮食增产问题，不让老百姓挨饿”。

▼袁隆平在试验田选种

“禾下乘凉梦”

1961年，袁隆平在湖南省安江农业学校的试验田中偶然发现了一株天然杂交水稻。这一发现让他意识到这可能是解决粮食问题的关键。从此，他开始了漫长而艰辛的杂交水稻研究之路。然而，当时的学术界普遍认为水稻是自花授粉作物，不可能进行杂交。袁隆平没有被传统观念束缚，他坚信自己的判断。

1964年，袁隆平在稻田中找到了一株雄性不育株，这是杂交水稻研究的重大突破。1966年，袁隆平的研究成果《水稻的雄性不孕性》发表，引起了国内外学术界的高度关注。

1970年，袁隆平的助手在海南发现了一株野生稻雄性不育株，这为杂交水稻的研究带来了新的希望。袁隆平带领团队迅速展开研究，经过艰苦努力，终于在1973年成功培育出世界上第一个实用高产的杂交水稻品种“南优2号”。即使到了晚年，袁隆平依然心系杂交水稻事业，他曾说：“我是从事杂交水稻研究的，我有两个梦，第一个梦是禾下乘凉梦，第二个梦是杂交水稻覆盖全球梦。”

▶袁隆平一生为“两个梦”奋斗

陈景润：哥德巴赫猜想第一人

陈景润（1933—1996），中国数学家，一生致力于数学研究，尤其在解析数论方面取得卓越成就。他以在哥德巴赫猜想研究中的卓越成就，被誉为“哥德巴赫猜想第一人”，对中国数学界乃至世界数学界都产生了深远的影响。陈景润为中国数学界赢得了国际声誉，激励了无数后继者投身于数学的探索中。

“哥德巴赫猜想”

1933年5月22日，陈景润出生在福建福州一个贫寒家庭，父亲陈元俊是一名邮电局的小职员。全面抗日战争开始后不久，战争影响到了他的家乡，全家人仓皇逃入山区，陈景润在山区学校继续学习。陈景润小时候性格内向，和其他孩子一起玩捉迷藏的时候，总是手拿着一本书，躲藏在一个别人不会轻易找到的角落，边看书，边等小伙伴来找他。

▼少年陈景润

1948年2月，陈景润进入福州英华中学。在这里，陈景润遇到了使他终身获益匪浅的名师沈元。沈元是中国著名的空气动力学家、航空工程教育家，他在课堂上常常用讲故事的方法，深入浅出地把那些年幼的学童循循善诱到出神入化的科学世界。沈元曾说：“自然科学的皇后是数学，数学的皇冠是数论，‘哥德巴赫猜想’则是皇冠上的明珠。”这个当时鲜有人知的课题深深引起了陈景润的兴趣。

树立中外数学界的里程碑

1950年，陈景润考入厦门大学数理系。在大学期间，他依然保持着对数学的痴迷，全身心地投入学习中。1953年，陈景润从厦门大学提前毕业，被分配到北京四中任教。然而，他内向的性格和过于专注数学研究的特点，使他在教学工作中遇到了困难。1954年冬天，陈景润被“停职回乡养病”，不得不回到福州老家，以摆书摊为生。时任厦门大学校长王亚南得知他的处境后，出于惜才，调陈景润到厦门大学数学系资料室工作。

1956年，陈景润努力开展数学研究，写成了论文《他利问题》，改进了华罗庚在对垒素数论中的结果。1959年3月，他在《科学纪录》上发表论文《华林问题g(5)的估计》，填补了数论史上的一段空白。

1957年9月，陈景润被调到中国科学院数学研究所工作，这里为他提供了更广阔的研究空间和更好的研究条件。在这里，他开始全身心地投入哥德巴赫猜想的研究中。

哥德巴赫猜想

哥德巴赫猜想是数论中的一个重要未解问题，由德国数学家哥德巴赫在1742年提出。他写信请教瑞士大数学家欧拉，但欧拉一直到去世也没有完成证明。200多年来，许多数学家试图证明这个猜想，但都没有成功。陈景润在哥德巴赫猜想的证明上取得了重要成果，成为世界上在该领域领先的数学家之一。

1973年，《中国科学》发表了他的证明全文《大偶数表为一个素数及一个不超过两个素数的乘积之和》，即哥德巴赫猜想（“1+2”的证明）。瞬间，这一成果震撼了国内外数学界，被视为哥德巴赫猜想研究的重要里程碑，陈景润也因此被誉为“哥德巴赫猜想第一人”。